Kohlhammer

Migration, Diversity und Bildung

Herausgegeben von Viola B. Georgi und Yasemin Karakaşoğlu

Migration prägt unsere Gesellschaft und ihre Bildungsinstitutionen grundlegend und trägt maßgeblich zur Diversifizierung der Gesellschaft bei. Das Thema Migration bildet deshalb den zentralen theoretischen und bildungspolitischen Kern der Reihe, die sich an einer gedachten Bildungsbiografie über die verschiedenen Lebensphasen hinweg orientiert.

Eine Übersicht aller lieferbaren und im Buchhandel angekündigten Bände der Reihe finden Sie unter:

 https://shop.kohlhammer.de/migration-diversity-und-bildung

Die Herausgeberinnen

© Isa Lange

Viola B. Georgi ist Professorin für Diversity Education und Direktorin des Zentrums für Bildungsintegration: Diversity und Demokratie in Migrationsgesellschaften an der Universität Hildesheim. Zu ihren Forschungsschwerpunkten zählen Schule in der Migrationsgesellschaft, Diversity Education, historisch-politische Bildung, Erinnerungskultur, Bildungsmedien und Citizenship Education. Stationen in Forschung und Lehre führten sie u. a. an die York University (Kanada), die Universität Uppsala (Schweden) und die Harvard University (USA). Georgi wirkt als Mitglied in verschiedenen Fachbeiräten und Expertengremien, u. a. im Rat für Migration.

Yasemin Karakaşoğlu ist Professorin für Bildung in der Migrationsgesellschaft am Fachbereich Erziehungs- und Bildungswissenschaften der Universität Bremen. Sie lehrt, forscht und publiziert u. a. zu Schul- und Hochschulentwicklung sowie Lehrer:innenbildung in der Migrationsgesellschaft, Transnationalität und Bildung sowie Islam im Kontext von Schule. Karakaşoğlu ist Mitglied im Vorstand des DAAD und engagiert sich auch zivilgesellschaftlich in verschiedenen Beiräten, u. a. als Kuratoriumsmitglied der Freudenberg Stiftung und als Mitglied im wissenschaftlichen Beirat des Bundesverbandes der Migrantenelternverbände für Bildung und Teilhabe (bbt).

Viola B. Georgi, Yasemin Karakaşoğlu (Hrsg.)

Allgemeinbildende Schulen in der Migrationsgesellschaft

Diversitätssensible Ansätze und Perspektiven

Verlag W. Kohlhammer

Dieses Werk einschließlich aller seiner Teile ist urheberrechtlich geschützt. Jede Verwendung außerhalb der engen Grenzen des Urheberrechts ist ohne Zustimmung des Verlags unzulässig und strafbar. Das gilt insbesondere für Vervielfältigungen, Übersetzungen, Mikroverfilmungen und für die Einspeicherung und Verarbeitung in elektronischen Systemen.

Die Wiedergabe von Warenbezeichnungen, Handelsnamen und sonstigen Kennzeichen in diesem Buch berechtigt nicht zu der Annahme, dass diese von jedermann frei benutzt werden dürfen. Vielmehr kann es sich auch dann um eingetragene Warenzeichen oder sonstige geschützte Kennzeichen handeln, wenn sie nicht eigens als solche gekennzeichnet sind.

Es konnten nicht alle Rechtsinhaber von Abbildungen ermittelt werden. Sollte dem Verlag gegenüber der Nachweis der Rechtsinhaberschaft geführt werden, wird das branchenübliche Honorar nachträglich gezahlt.

Dieses Werk enthält Hinweise/Links zu externen Websites Dritter, auf deren Inhalt der Verlag keinen Einfluss hat und die der Haftung der jeweiligen Seitenanbieter oder -betreiber unterliegen. Zum Zeitpunkt der Verlinkung wurden die externen Websites auf mögliche Rechtsverstöße überprüft und dabei keine Rechtsverletzung festgestellt. Ohne konkrete Hinweise auf eine solche Rechtsverletzung ist eine permanente inhaltliche Kontrolle der verlinkten Seiten nicht zumutbar. Sollten jedoch Rechtsverletzungen bekannt werden, werden die betroffenen externen Links soweit möglich unverzüglich entfernt.

1. Auflage 2023

Alle Rechte vorbehalten
© W. Kohlhammer GmbH, Stuttgart
Gesamtherstellung: W. Kohlhammer GmbH, Stuttgart

Print:
ISBN 978-3-17-041488-4

E-Book-Formate:
pdf: ISBN 978-3-17-041489-1
epub: ISBN 978-3-17-041490-7

Vorwort

Der vorliegende Band »Allgemeinbildende Schulen in der Migrationsgesellschaft. Diversitätssensible Ansichten und Perspektiven« setzt die Reihe »Diversity, Migration und Bildung« fort.[1] Unter einer diversitätssensiblen und diskriminierungskritischen Perspektive präsentiert die Reihe, die sich in der Abfolge der Bände an einer gedachten Bildungsbiographie über die verschiedenen Lebensphasen hinweg orientiert, aktuelle Forschungsergebnisse und Konzepte der Bildung im Kontext von Diversity und Migration. Mit Diversity, Migration und Bildung werden dabei nicht drei voneinander unabhängige Analysekategorien, Dimensionen und Felder in den Blick genommen, sondern uns interessiert gerade die Interdependenz dieser drei Beobachtungsschwerpunkte. Sie bildet den verbindenden theoretischen Bezugsrahmen der in den einzelnen Bänden versammelten Aufsätze. Die Autor:innen mit ihren unterschiedlichen Forschungs- und Praxisperspektiven leuchten diese Interdependenz jeweils spezifisch, am Beispiel unterschiedlicher Gegenstände in diesem Band etwa bezogen auf die Zusammenarbeit mit Eltern, sprachliche Bildung, religiöse Pluralität, Lehrer:innenbildung und schulische Curricula, aus. Auf diese Weise wird den Leser:innen ein Einblick in vielfältige aktuelle Diskurse über theoretische und empirische Zugänge, Methoden und Konzepte von und zu Bildung im Kontext von Diversity und Migration geboten. Gleichwohl kann und will nicht der Anspruch erhoben werden, das gesamte mögliche Spektrum an Aspekten, die bezogen auf Bildung im Kontext von Diversity und Migration in den jeweiligen Lebensphasen denkbar wären, abzudecken.

Bildung wird von uns dabei im umfassendsten Sinne der Bedeutung dieses Wortes als pädagogisches Konzept verstanden, das Zielvorstellungen, Prozesse und Ergebnisse von Sozialisation, Erziehung, Lernen und (in Band 2 bezogen auf grundlegende Aspekte Allgemeinbildender Schulen) auch Unterricht umfasst. Bildung in diesem Sinne zielt auf die Entwicklung von Handlungs- und Urteilsfähigkeit ab und vermittelt zentrale Grundlagen für eine aktive und selbstbestimmte Partizipation an einer von Pluralismus geprägten, demokratisch verfassten Gesellschaft (vgl. Horlacher 2010, S. 61; Reichenbach 2010, S. 87).

Diversity steht als Analysekategorie zum einen für die Mannigfaltigkeit der gesellschaftlich wirksamen Differenzlinien und die Heterogenität individueller und kollektiver Identitäten bzw. ihrer historischen und aktuellen gesellschaftlichen

---

1 Unser besonderer Dank gilt Caroline Schäfer, die als studentische Mitarbeiterin im Arbeitsbereich Interkulturelle Bildung an der Universität Bremen alle Phasen der Entstehung dieser Buchpublikation mit großem Engagement, klugen Ideen und themenbezogenem Sachverstand maßgeblich unterstützt hat.

Konstruktionen, etwa bezogen auf soziale Herkunft, Ethnizität, Religion, Sprache, sexuelle Orientierung, Behinderung, Alter, Geschlecht etc. Mit der Verwendung des *Diversity*-Begriffs (anstelle von *Diversität*) richten wir den analytischen Blick jedoch nicht verkürzt auf Diversität als einfache Beschreibung von Vielfalt, als fraglos gegeben in ihren verschiedenen Ausprägungen, sondern auf die Komplexität und Interdependenz im Sinne von intersektionaler Wirksamkeit von Diversitätsdimensionen für Identitätskonstruktionen, Zugehörigkeitsordnungen, Selbst- und Fremdzuschreibung. Dabei interessieren wir uns nicht zuletzt für historisch bedingte und gesellschaftlich verankerte hierarchische Kategorisierungen entlang von Diversitätsmerkmalen. Damit schließt unser Verständnis von Diversity an macht- und herrschaftskritische Ansätze an, mit denen eine besondere Aufmerksamkeit der Frage gewidmet wird, *weshalb* bestimmte soziale, kulturelle, sprachliche oder religiöse Orientierungen und Zugehörigkeiten von Individuen z. B. im Bildungssystem mit Benachteiligung, Diskriminierung und Exklusionen einhergehen, während andere Zugehörigkeiten privilegiert werden.

Gerade Formen migrationsbedingter Diversität, die einen thematischen Fokus dieser Reihe darstellt, können durch nach wie vor gängige und simple Unterscheidungen, etwa zwischen Personen *mit* und *ohne* Migrationshintergrund, Mehrheitsgesellschaft und Minderheit, nicht angemessen erfasst werden. Um die gesellschaftliche Realität in einer hoch diversifizierten deutschen Migrationsgesellschaft zu beschreiben, bedarf es komplexerer Kategorien, wie sie etwa die Diversityforschung bereithält (vgl. Georgi 2018).

Migration, die unsere Gesellschaft und ihre Bildungsinstitutionen grundlegend prägt und maßgeblich zur Diversifizierung der Gesellschaft beiträgt, bildet den zentralen theoretischen und bildungspolitischen Verweisungszusammenhang der Reihe. Migration ist in unterschiedlicher Intensität und Ausprägung allgegenwärtig in städtischen und ländlichen Regionen. Dies drückt sich aus etwa in Form der Zunahme von Mobilitätserfahrungen, von transnationalen Lebensentwürfen und damit verbunden in der alltäglichen Erfahrung religiöser, sprachlicher und kultureller Vielfalt. Alle heute in Deutschland lebenden und aufwachsenden Menschen sind je spezifisch von den Wirkungsweisen und Auswirkungen von Migration als die Gesellschaft transformierender Tatsache betroffen. Im Bildungserwerb über die Lebensspanne hinweg spielen unterschiedliche formale, informelle und non-formelle Bildungsinstitutionen und -instanzen eine spezifische Rolle, welche in der Reihe systematisch ausgelotet werden soll. Dabei geht es beispielsweise um die Erfahrung und Förderung von Selbstwirksamkeit und gesellschaftlicher Teilhabe, von Wissenserwerb und Sozialisation, um spezielle oder allgemeine Zugänge von Institutionen im Umgang mit Migration, um die Auseinandersetzung mit Identitätskonstruktionen und Fragen nach Selbstermächtigung und Vergemeinschaftung, um Erfahrungen von Zugehörigkeit und Ausgrenzung, Diskriminierung und Rassismus im Kontext von Bildung und Bildungsinstitutionen (vgl. dazu auch Mecheril et al. 2016; Gogolin et al. 2018).

Migration als die Gesellschaft transformierendes Faktum wird noch immer als besondere Herausforderung für die Bildungsinstitutionen und -instanzen von der Kita bis zur Hochschule beschrieben. Dies ist maßgeblich darauf zurückzuführen, dass das weitgehend an nationalen Paradigmen orientierte Bildungssystem und die

Regierungspolitik, die bis weit in die 2000er Jahre hinein die Entwicklung Deutschlands zu einer Einwanderungsgesellschaft negiert hat, lange versäumt haben, die notwendigen, mit Migration einhergehenden Veränderungen auch strukturell und inhaltlich in die Wege zu leiten (Karakaşoğlu 2014). Im Ergebnis formulieren auch heute noch die im Handlungsfeld Bildung tätigen pädagogischen Fachkräfte nicht selten Probleme damit, den Umgang mit Diversity in ihr professionelles Selbstverständnis zu integrieren und Migration als Normalfall zu betrachten (Doğmuş et al. 2016). Auch der Thematik der pädagogischen Professionalität und Professionalisierung in der Migrationsgesellschaft soll daher in der Reihe durchgehend Rechnung getragen werden. Jeder Band endet mit einem englischsprachigen Originalbeitrag, der exemplarisch für transnationale Perspektiven auf das Thema aktuelle empirische Forschungsergebnisse zu einem spezifischen nationalen Kontext präsentiert. Die Entscheidung, diesen Beitrag nicht ins Deutsche übersetzen zu lassen, beruht auf der Überlegung, dass jede Übersetzung eine Interpretation bedeutet und wir in die Autonomie nicht deutschsprachiger Autor:innen nicht eingreifen wollen.

Wie alle Bände dieser Reihe richtet sich auch dieser Band an vielfältige Zielgruppen. In diesem Fall sind dies Pädagogik-Studierende, in Schule und allen Phasen der Lehrer:innenbildung Tätige, Mitarbeiter:innen in der Bildungsadministration und Bildungspolitik sowie alle am Thema Interessierte.

Inhaltsverzeichnis

Vorwort		5
Einleitung		13
Yasemin Karakaşoğlu & Viola B. Georgi		
	Literatur	20
1	**Schulfunktionen transnational – Implikationen für Migration und Mobilität**	22
	Dita Vogel	
	Einleitung	22
	1.1 Transnationale Migration und Mobilität in Schulen	24
	1.2 Schulfunktionen nach Fend	26
	1.3 Überarbeitete Schulfunktionen und Implikationen für Migration und Mobilität	28
	1.4 Fazit	35
	Literatur	37
2	**Lehrpläne für die Schule der Migrationsgesellschaft**	40
	Hans Vorländer & Ender Yilmazel	
	Einleitung	40
	2.1 Design und Methode der Lehrplanstudie Migration und Integration	41
	2.2 Lehrplanentwicklung	43
	2.3 Ergebnisse der Lehrplananalyse	44
	2.4 Schulische Praxis im Spiegel von Interviews	49
	2.5 Empfehlungen für Lehrpläne in der Migrationsgesellschaft..	51
	Literatur	53
3	**Was kann es bedeuten, Lehrer:innen (nicht) als Pädagog:innen zu denken? Anfragen aus der Perspektive erziehungswissenschaftlicher Migrationsforschung**	56
	Saphira Shure	
	3.1 Plädoyer für das Pädagogische (in) der Lehrer:innenbildung – eine Hinführung	56
	3.2 Lehrer:innen als spezifische (Handlungs-)Expert:innen? Zur Frage nach dem »Zweck«	58

3.3	Die Funktionalisierung und Technisierung der Lehrer:innenbildung: Der Fall ›Migration‹	60
3.4	Lehrer:innen als Politiker:innen und Künstler:innen – ein Schluss	64
Literatur		66

4 Migrationsbezogene Mehrsprachigkeit und Deutsch als Zweitsprache in der Schule 70
Andrea Daase

Einleitung		70
4.1	Mehrsprachigkeit	71
4.2	(Zweit-)Sprachaneignung im Kontext von Migration	76
4.3	Umgang mit sprachlicher Vielfalt und Deutsch als Zweitsprache in der Schule	78
4.4	Fazit und Ausblick	80
Literatur		82

5 Religiöse und weltanschauliche Diversität in der Schule 86
Alexander-Kenneth Nagel

5.1	Ausgangspunkt: Schulen als Laboratorien des Religionskontakts	86
5.2	Eckpunkte der religiös pluralen Konstellation in Deutschland	87
5.3	Religiöse Diversität: Schulorganisatorische und pädagogische Aspekte	88
5.4	Entgrenzung und Begegnung: Religiöse Diversität im Unterricht	92
5.5	Fazit: Jenseits der Religionisierungsfalle	94
Literatur		95

6 Eltern in der Schule der Migrationsgesellschaft – eine rassismuskritische Perspektive 98
Ellen Kollender

Einleitung		98
6.1	Theorie: Rassismus in der Schule der Migrationsgesellschaft	99
6.2	»Eltern stärker in die Pflicht nehmen«: Verhandlungen von Elternschaft im politischen Diskurs	101
6.3	»Es ist in ihrer Kultur so«: Schulische Konstruktionen von ›migrationsanderen Eltern‹	104
6.4	»Als Mutter muss man täglich gegen solche Erfahrungen ankämpfen«: Elterliche (Rassismus-)Erfahrungen in der Schule	106
6.5	Elternbeteiligung als Teil rassismussensibler Schulkultur denken	109
Literatur		111

7	Multilingualism, Language Education, and the Politics of Comparison	114
	Jeff Bale	
	Introduction	114
	7.1 The Canadian Context	116
	7.2 Research Design	118
	7.3 Regulating Multilingualism in Ontario Schools	120
	7.4 Multilingual Learners, Their Experiences, and How They are Imagined to Be in Ontario Schools	123
	References	133

Autor:innenverzeichnis **137**

Einleitung

Yasemin Karakaşoğlu & Viola B. Georgi

Mit dem Schwerpunkt auf »Allgemeinbildenden Schulen« legen wir hiermit den zweiten Band der Reihe *Migration, Diversity und Bildung* vor, die in der Reihenfolge des Erscheinens der Bände einer im Bildungssystem selbst angelegten, idealtypisch gedachten Bildungsbiographie folgt. Dabei sind wir uns bewusst, dass die Tatsache der Migration diese idealtypische Vorstellung in mindestens zweifacher Hinsicht herausfordert: erstens hinsichtlich der Annahme, dass über jahrgangsbezogene Klasseneinteilungen Homogenität der Bildungsvoraussetzungen geschaffen werden könne, sowie zweitens hinsichtlich der weitgehenden Orientierung am nationalen Kontext bezogen auf unterrichtliche Inhalte und Zukunftsperspektiven der Lernenden.

Migration als Erfahrung von Menschen in der Migrationsgesellschaft ist gekennzeichnet durch in Vergangenheit und Gegenwart praktizierte transnationale Grenzüberschreitungen und Beziehungen, durch unterschiedliche Bleibewünsche und -perspektiven, Familienleben zwischen Staaten und Kontinenten, unterschiedliche Bezüge zur deutschen Verkehrs- und Schulsprache, unterschiedliche Ausprägungen von Mehrsprachigkeit, unterschiedliche Wissensgrundlagen und Perspektiven auf weltgesellschaftliche Zusammenhänge, religiös-weltanschauliche Pluralität etc. Diese Differenzmerkmale bilden auch die Matrix, auf der Zuweisungen von Positionen in der Gesellschaft vorgenommen werden. Hier können Mitgliedschaftsrechte und damit Partizipationsmöglichkeiten eröffnet, aber auch verhindert oder gar verweigert werden. Diese Konstellationen sind heute mittelbar und unmittelbar Teil der Sozialisationserfahrungen der jungen Generation in der deutschen Migrationsgesellschaft. Nationale Bildungssysteme, auch solche, die weitere geographische Räume wie etwa Europa adressieren, sind in Anerkennung dieser auf Migration bezogenen Pluralitäten wie auch ihrer intersektionalen Verknüpfung mit anderen Diversitätsdimensionen gefordert, sich strukturell und inhaltlich neu ins Verhältnis zu den gesellschaftlichen Realitäten zu setzen.

Schulische Bildung hat neben anderen das Ziel, zu akkulturieren, in einen kulturellen Kontext zu sozialisieren und jungen Menschen Kompetenzen für das Sich-Einfädeln und Überleben in der Gesellschaft zu vermitteln. Freilich ist dieser Kontext nicht statisch, denn es wird nicht in etwas Bestehendes ›integriert‹, das so immer schon da war, sondern das, was besteht, ist selbst schon Ergebnis eines kontinuierlichen Wandels (Georgi & Keküllüoğlu, 2018). Und die in Schule handelnden Akteur:innen – allen voran Lehrkräfte, Schüler:innen, Sozialpädagog:innen und Eltern – sind selbst Teil dieses Wandels, dem sie auf unterschiedliche Weise begegnen: gleichgültig, widerständig, auf dem »Status quo« verharrend oder Veränderungen aktiv einfordernd und (mit-)gestaltend.

Wir wollen Schule hier als Ort verstehen, der einen substanziellen Beitrag zur Gestaltung eines neuen gesellschaftlichen Wir leisten kann, eines Wir, das ganz selbstverständlich auch supranational und transkulturell ausgeformt ist. Aus dieser Perspektive gilt es, gewohnte Praxen und tradierte Ordnungsschemata von Schule in Nationalstaaten, hier wie anderswo auf der Welt, zu reflektieren und grundlegend zu überdenken (Heidrich et al. 2021). Alle in Schule Tätigen sind dazu aufgefordert, die selbst- und/oder fremdzugeschrieben Identitäten und Bildungsbedarfe der pluralen Mitglieder der Gesellschaft stärker als bislang sichtbar zu machen und zu berücksichtigen. Denn Schule ist einer der zentralen Orte zur Aushandlung und Anerkennung von Diversität. Die Kultusministerkonferenz adressiert dieses bildungspolitische Anliegen in ihren Empfehlungen zur Interkulturellen Erziehung und Bildung in der Schule (2013) folgendermaßen:

> »Schule soll Vielfalt zugleich als Normalität und als Potenzial für alle wahrnehmen. [...] Unterrichtsmaterialien und Unterrichtspraxis sollen geprüft werden im Hinblick darauf, ob die vielschichtige, auch herkunftsbezogene Heterogenität der Schülerinnen und Schüler berücksichtigt ist.« (KMK 2013, S. 8)

Die allgemeinbildende Schule wird damit dazu aufgefordert, einen Transformationsprozess auf unterschiedlichen Ebenen in Gang zu setzen und zu durchlaufen. Der Schule wird die Aufgabe übertragen, notwendige Anpassungsleistungen zu erbringen, damit sie den Ansprüchen von Bildungs- und Chancengerechtigkeit in der pluralen Demokratie entsprechen kann.

Der vorliegende Band will mit den Beiträgen der Autor:innen, in denen sich unterschiedliche fachliche Expertisen zu Schule unter den Bedingungen von Migration und Diversität spiegeln, an exemplarischen Teilaspekten von Schule und Allgemeinbildung den Fragen nachgehen, inwiefern dieser Perspektivwechsel – verstanden als Anpassungs- und Transformationsleistung – in Deutschland bislang gelingt bzw. welcher Entwicklungsbedarf nach wie vor besteht und welche Ideen (auch) praxisorientiert aus der aktuellen Forschung dazu formuliert werden können. Wie in allen Bänden dieser Reihe finden sich unter den Beiträgen die Schwerpunkte »Mehrsprachigkeit« und »Religiös-weltanschauliche Pluralität« ebenso wieder wie eine internationale Vergleichsperspektive, die dieses Mal aus Kanada kommt.

Wie die Aufsätze zeigen, sind Antworten, wie das System Bildung konstruktiv auf migrationsgesellschaftliche Veränderungen in intersektionaler Perspektive reagieren müsste, auf unterschiedlichen Ebenen zu suchen, bei denen auch die Dynamik des aktuellen Migrationsgeschehens stets mitzudenken ist (Karakaşoğlu & Mecheril 2019, S. 27):

1. auf der strukturellen Ebene im Sinne der Angebote an Schulformen, die in jeder Hinsicht inklusiv und auch international anschlussfähig sind,
2. auf der Ebene der Ressourcen, etwa über die Ausstattung mit (multi-)professionellem Personal und mit Schulgebäuden, die so vielfältige, anregende, zeitgemäße Lernarrangements bieten wie auch Erfahrungsräume für individuelle Entwicklungen und soziales Miteinander,
3. auf der Ebene der pädagogischen Konzepte, etwa den didaktischen Methoden und Lehrmitteln, und der dort vermittelten Lehrinhalte,

4. auf der Ebene der Zusammenarbeit mit Eltern als wichtigen Partner:innen in der Erziehung und Bildung der Kinder und Jugendlichen und nicht zuletzt
5. auf der Ebene der Ausbildung zentraler Akteur:innen im Feld, der Lehrer:innen.

Die hier skizzierten Ebenen sind unter der Bedingung einer grundlegenden Ungewissheit pädagogischen Handelns (Helsper et al. 2005) zu betrachten. Diese Ungewissheit prägt heute vielleicht stärker als in der Vergangenheit die schulischen Lehr- und Lernsituationen und somit das pädagogische Handeln. Pädagogisches Handeln steht heute zudem stärker unter dem Druck eines stetigen und beschleunigten Zerfalls der Gültigkeit von Wissen. Hinzu kommt eine durch Globalisierung, Digitalisierung und Individualisierung ebenfalls beschleunigte Pluralisierung von Lebenslagen und Lebensmodellen. Unter Berücksichtigung der damit einhergehenden, vielfältigen Ungewissheiten ist professionelles pädagogisches Handeln herausgefordert, scheinbare Handlungssicherheiten immer wieder reflexiv (also in der Aushandlung mit sich selbst und anderen) einzuholen und sie gleichzeitig fortwährend auf ihre Gültigkeit für und Übertragbarkeit auf andere Situationen zu überprüfen.

Es sind immer noch zu wenige Schulen in Deutschland, die die mittel- bzw. unmittelbar durch Migration mitbedingte Vielfalt ihrer Schüler:innenschaft als Bereicherung und Potenzial für die Gestaltung von Zukunft begreifen. Im Gegenteil geht in der Praxis mit den Beschreibungen von Schule in der Migrationsgesellschaft häufig immer noch die Benennung von Problemen einher (verdichtet im Bild der sog. ›Brennpunktschule‹). In der Folge der für Deutschland seit ihrer ersten Veröffentlichung 2001 fortwährend eher ernüchternden PISA-Ergebnisse hat man sich auf Anpassung der Schüler:innengruppe mit sog. »Migrationshintergrund« an die Erfordernisse der deutschen Schule konzentriert. Die Lernenden aus Einwandererfamilien wurden dabei als defizitär imaginiert, insofern ihnen die Voraussetzungen für eine erfolgreiche Bildungsbiographie in der deutschen Schule nicht zugetraut bzw. zugeschrieben wurden.

Migrationsgesellschaftliche Öffnung wurde weitgehend verstanden als Etablierung spezifischer Fördermaßnahmen insbesondere im Hinblick auf die Schulsprache Deutsch für die Zielgruppe derjenigen, denen die Statistik einen sog. Migrationshintergrund bescheinigt – und das sind in den westdeutschen Großstädten über 50 % der Schulanfänger:innen. Eine grundlegende Inventur dazu, inwiefern Schule der migrationsgesellschaftlichen Realität mit ihren Inhalten, Strukturen, Ressourcen, Routinen noch gerecht wird, hat bislang nicht stattgefunden, auch wenn die Hinweise auf Reformbedarf aus der Praxis und der Wissenschaft ebenso zahlreich erfolgt sind wie die daraus abgeleiteten Vorschläge zur Umsetzung (vgl. etwa Georgi 2015; Karakaşoğlu 2011). Man darf darin ein großes Versäumnis sehen, denn bereits mit der Unterzeichnung der UN-Behindertenrechtskonvention 2008 wurde dem deutschen Bildungssystem die Aufgabe übertragen, sich zu einem vollständig inklusiven System zu entwickeln, und dessen Grundprinzip einer Wendung des Blicks von Nicht-Passung spezifischer Schüler:innengruppen mit den Anforderungen des Systems hin zu den Defiziten des Systems, allen Schüler:innen in einem gemeinsamen Lernsetting gerecht zu werden zu beachten. Damit verbunden ist die Identifikation systematischer institutioneller Ausschlüsse der Zugänge zu Bildung, die nicht nur bezogen auf einzelne Diversitätsdimensionen, sondern insbesondere auch an der Intersektion von Diversitätsmerkmalen wirksam werden.

Die Beiträge im vorliegenden Band adressieren die oben benannten Ebenen auf vielfältige Weise, indem sie die Normalitätserwartungen und Regularien des bestehenden allgemeinbildenden Schulsystems daraufhin befragen, ob und inwiefern sie der Diversität der Migrationsgesellschaft gerecht werden. Ausgehend von aktueller qualitativer und quantitativer empirischer Forschung wird außerdem gefragt, welche Alternativen zu den etablierten Routinen und Praxen der Schule in den Blick genommen werden sollten, um Schulrealität und Lebensrealität der Schüler:innen angesichts (welt-)gesellschaftlicher Veränderungen stärker Rechnung zu tragen.

Daher beginnen wir mit einer transnationalen Erweiterung des Blicks auf die Funktionen von Schule im Beitrag von *Dita Vogel*. Sie formuliert in dieser Konsequenz weitreichende Implikationen für den schulischen Umgang mit Migration und transnationaler Mobilität. Es werden Ergebnisse aus dem Forschungs- und Entwicklungsprojekt »Transnationale Mobilität in Schulen« TraMiS (https://tramis.de/) vorgestellt, in welchem die Autorin gemeinsam mit einem Forschungsteam der Universität Bremen und zehn engagierten Schulen aus dem gesamten Bundesgebiet erforscht hat, mit welchen praxisrelevanten Ansätzen Schule dem Umstand begegnet bzw. begegnen sollte, dass nicht alle Schüler:innen ihren gesamten Bildungs- und Lebensweg in Deutschland verbringen. Die Verwendung des Mobilitäts-Konzepts als theoretischer Grundlage ermöglicht ihr eine Erweiterung der Perspektiven auf bereits erfolgte bzw. potenzielle transnationale Bewegungen aller Schüler:innen und ihre Bedeutung für den Wandel von Schule – ein angesichts der jüngeren Fluchtmigrationsbewegungen aus Syrien, Afghanistan und der Ukraine hochaktuelles Thema. Es geht damit also um die Frage, wie sich Schule für die Bedarfe der vielfältigen Schüler:innen öffnet, die aus unterschiedlichen Gründen transnational mobil waren, sind und sein werden. Als theoretische Matrix der Studie werden die von dem Bildungssoziologen Helmut Fend in seiner »Theorie der Schule« entwickelten gesellschaftlichen und individuellen Funktionen von Schule zugrunde gelegt. Mit einer kritischen Diskussion und migrationsgesellschaftlich orientierten Ausdifferenzierung und Ergänzung von Schulfunktionen wird ein theoretisches Gerüst gebaut, auf dessen Basis die erhobenen Daten interpretiert werden, denen in anschaulichen Fallvignetten dargestellte, typische Situationen transnationaler Mobilität von Schüler:innen zugrunde lagen. Schließlich plädiert sie basierend auf den entlang des Paradigmas von Transnationalität erweiterten Schulfunktionen dafür, Migration und Mobilität als inhärente Kennzeichen der gegenwärtigen Gesellschaft anzuerkennen, und somit gesellschaftliche Transformationsprozesse stärker als bisher unter der Perspektive von Transnationalität zu begreifen. Daraus wird eine Verantwortung für das Regelsystem der öffentlichen allgemeinbildenden Schulen hergeleitet: Es müsse den im transnationalen Raum entstehenden diversen Bedarfen aller Kinder und Jugendlichen gerecht werden und die so erweiterte Perspektive auf die Bildungsbedarfe aller Schüler:innen zur eigenen Transformation nutzen. Hierzu gehöre auch ganz selbstverständlich die Adressierung junger Menschen, deren Zukunft nicht zwangsläufig auf Deutschland ausgerichtet ist oder nicht ausgerichtet sein kann, da sie sich aus unterschiedlichen Gründen nur temporär in Deutschland aufhalten. Exemplarisch für die Öffnung schulischer Perspektiven gegenüber ihren

Bedarfen nennt Vogel die Erprobung neuer Beschulungsmodelle für geflüchtete ukrainische Schüler:innen.

Auf eine andere Ebene der migrationsgesellschaftlichen Transformationsbedarfe allgemeiner Bildung verweist der Beitrag von *Hans Vorländer und Ender Yilmazel*. Sie stellen in ihrem Artikel die Forschungsergebnisse ihrer aktuellen »Lehrplanstudie Migration und Integration« vor. Exemplarisch wurden in dieser die Lehrpläne der Bundesländer Bayern, Berlin, Brandenburg, Nordrhein-Westfalen und Sachsen aus Gymnasium, Real-/Ober- und Gesamtschule in den Fächern Geographie, Geschichte und Politik analysiert. Außerdem wurden qualitative Interviews mit Lehrkräften und Akteur:innen von Schulentwicklungsinstituten, Landesbehörden sowie mit Lehrkräftefortbildungseinrichtungen geführt. In den gesammelten empirischen Daten wurden Antworten auf die Fragen gesucht, wie oft und in welchen Kontexten Migration und Integration in Lehrplänen thematisiert werden, wie die Lehrplanentwicklung organisiert ist und welche Chancen und Herausforderungen beim Transfer von Lehrplänen in die Unterrichtspraxis bestehen. Die Ergebnisse sind vielfältig und aus migrationsgesellschaftlicher und insbesondere diskriminierungskritischer Perspektive aufschlussreich. So wird etwa herausgearbeitet und moniert, dass Deutschland als Einwanderungsgesellschaft in den Lehrplänen bislang kaum thematisiert und somit als gesellschaftliche Realität und gemeinsames Identifikationsangebot für alle Schüler:innen nicht sichtbar werde. Erhebliche Mängel sehen die Autoren der Studie auch in der Verwendung eines problematischen, auf Herkunft verengten Kulturbegriffs und der mangelnden Thematisierung von Diskriminierung und Rassismus als sowohl struktureller gesellschaftlicher Problematik wie auch Problem individueller Haltungen und Handlungen in den Lehrplänen. In der praktischen Konsequenz aus diesen Befunden werden abschließend Empfehlungen für die künftige inhaltliche Ausgestaltung von Lehrplänen formuliert. Die Ergebnisse der Studie sind sowohl für die Bildungsadministration und -politik wie auch sehr konkret für Lehrer:innen interessant, da sie ihnen eine kritische Sicht auf den bildungspolitischen und -administrativen Diskursrahmen bieten, der sich in den Lehrplänen spiegelt. Damit wird Lehrer:innen die Möglichkeit eröffnet, sich informiert und reflektierend zu diesen in ein Verhältnis zu setzen sowie die auf dieser Basis erstellten Lehrmaterialien einer kritischen Revision für die Anwendung im Unterricht zu unterziehen.

Saphira Shure befasst sich in ihrem Beitrag aus der Perspektive kritischer erziehungswissenschaftlicher Migrationsforschung mit dem Stellenwert des ›Pädagogischen‹ in der Lehrer:innenbildung. Im Mittelpunkt steht die Frage, wie angesichts der Gefahr der Technologisierung der Lehrer:innenbildung diese ihre Aufgabe Migrationsgesellschaft zu vermitteln erfüllen kann. Ihr Blick richtet sich theoretisch wie empirisch fundiert auf die in der Lehrer:innenbildung geführten Auseinandersetzungen mit dem Stellenwert, der Zielrichtung, den Einflussfaktoren und Referenzen der dort verankerten bildungswissenschaftlichen Anteile. In diesem Zusammenhang setzt sich Saphira Shure kritisch mit kompetenztheoretischen Ansätzen in der Professionalisierungsforschung als bildungswissenschaftlich breit referenzierten Ansätze auseinander. Hier erkennt sie ein auf die Aneignung von situativer Handlungsfähigkeit verkürztes Verständnis von Professionalität und kritisiert, dass die reflexive Auseinandersetzung mit bestehenden gesellschaftlichen

Anforderungen an den Lehrer:innenberuf als Element der Professionalisierung zu kurz komme. Problematische Effekte derartiger Tendenzen würden in der Beschäftigung mit dem allgemeinpädagogisch relevanten Topos *Migration* in der Lehrer:innenbildung besonders offenkundig, was sie exemplarisch mit der Analyse empirischen Materials verdeutlichen kann. Daraus abgeleitet formuliert sie in Anschluss an Paulo Freire Anforderungen an die (Re-)Aktivierung des ›Pädagogischen‹ in der Lehrer:innenbildung und arbeitet die hierfür notwendige Stärkung einer programmatischen Idee von Lehrer:innen als Politiker:innen und Künstler:innen heraus.

Andrea Daase greift in ihrem Beitrag »Migrationsbezogene Mehrsprachigkeit und Deutsch als Zweitsprache in der Schule« ein wichtiges Thema des Umgangs mit Diversität im monolingual orientierten deutschen Schulsystem auf. Ausgehend von der Feststellung, dass gesellschaftliche und individuelle Mehrsprachigkeit Deutschland maßgeblich prägen, und damit unter Verwendung eines erweiterten Verständnisses von Mehrsprachigkeit richtet sie den Blick auf empirische Studien zur Mehrsprachigkeits- und Zweitspracherwerbsforschung. Sie präsentiert aktuelle Erkenntnisse, die weit verbreiteten Vorstellungen einer Problematik des mehrsprachigen Aufwachsens für die Aneignung des Deutschen als Zweitsprache deutlich widersprechen. Denn Mehrsprachigkeit wird bislang aus der Perspektive der Schule noch häufig als Risikofaktor für den Bildungserfolg wahrgenommen. Andrea Daase entfaltet in ihrem Beitrag einen Begriff von Mehrsprachigkeit, die nicht zwangsläufig mit eigener oder familiärer Migrationserfahrung verbunden sein muss, und kann damit alle Schüler:innen und ihre diversen Sprachbiographien in die weiteren Überlegungen für die Vermittlung von allgemeiner (sprachlicher) Bildung einbeziehen. Hieran anknüpfend macht sie den Begriff der lebensweltlichen Mehrsprachigkeit im Kontrast zur bildungsidealisierten Mehrsprachigkeit stark, indem sie die sprachlichen Verhältnisse in Migrationsgesellschaften sowie die daraus resultierenden Implikationen für die Mehrsprachigkeit von Kindern und Jugendlichen systematisch herausarbeitet. Besonderes Augenmerk wird dabei auf die Darstellung der individuellen Entwicklung der Zweitsprache Deutsch gelegt. Es werden konkrete Aufgaben und Verantwortlichkeiten von Schule insgesamt, nicht nur bezogen auf das Fach Deutsch, sondern fächerübergreifend, für den Umgang mit und den Ausbau von sprachlicher Vielfalt benannt und innovative Ansätze und Konzepte skizziert, wie etwa Translanguaging in allen Fächern, nicht ohne abschließend auf die weiterhin bestehenden Herausforderungen im Handlungsfeld Mehrsprachigkeit in der Schule hinzuweisen.

In seinem Beitrag »Religiöse und weltanschauliche Diversität in der Schule« beschreibt *Alexander-Kenneth Nagel* Schulen als Orte der konkreten interkulturellen und interreligiösen Begegnung. Er konzeptualisiert Schulen deshalb als »Laboratorien des Religionskontakts«, in denen unter Bedingungen gesellschaftlicher Pluralisierung und Individualisierung religiöse und nicht-religiöse Geltungsansprüche auch jenseits von Religionsunterricht verhandelt werden. Hieraus erwachse für die Schule eine zentrale pädagogische Gestaltungsaufgabe, die darin bestehe, »Erfahrungen von Pluralität und Differenz in pluralistische oder tolerante Werthaltungen zu übersetzen« und gewissermaßen ein kultiviertes interreligiöses Miteinander einzuüben. Ausgehend von einer Beschreibung der Verfasstheit der religiösen und weltanschaulichen Pluralität in Deutschland diskutiert Alexander-Kenneth Nagel vielfältige rechtliche und schulorganisatorische Aspekte, die daraus abzuleiten wären. Er skizziert die religionspädagogischen Implikationen religiöser Pluralisierung im Klassenzimmer und macht auf die Notwendigkeit religionssensibler Haltungen im gesamten Handlungsfeld Schule ebenso aufmerksam wie auf die ›Religionisierungsfalle‹, der zufolge allzu oft pauschal Religion bzw. (zugeschriebene) Religionszugehörigkeit als Deutungsfolie für Verhalten Verwendung finde. Schließlich wirbt er dafür, religiöse Prägungen auch im Zusammenspiel mit anderen Diversitätsdimensionen zu thematisieren, Religion als Ressource jugendlicher Selbstpositionierung in den Blick zu nehmen und den religiösen und weltanschaulichen Lebenswelten der Schüler:innen mit einer fragenden und suchenden Perspektive zu begegnen. Er resümiert, dass die Zunahme religiöser/weltanschaulicher Vielfalt und konfessionsloser Lebenshaltungen in der Migrationsgesellschaft eine Öffnung religionspädagogischer Formate erfordere, die auch Kooperationen zwischen dem Staat und den beteiligten Religionsgemeinschaften berühre.

Ellen Kollender präsentiert in ihrem Beitrag zwei empirische Untersuchungen zu Eltern im Kontext der Institution Schule in der Migrationsgesellschaft. Aus rassismustheoretisch informierter Perspektive analysiert sie am Beispiel des Bundeslandes Berlin bildungspolitische und schulische Konstruktionen von Eltern mit sog. Migrationshintergrund. Die Blaupause für die Studie bilden einschlägige machtkritische Analysen von schulischen Bildungsungleichheiten im deutschsprachigen Forschungsraum, die u. a. den ›Migrationshintergrund‹ als erklärende Variable für ›Bildungsproblematiken‹ kritisieren, insbesondere in Verknüpfung mit essentialisierenden und kulturalisierenden Bezugnahmen auf den familialen Hintergrund bzw. das Elternhaus von Schüler:innen. Kollender kann so empirisch nachweisen, dass Rassismus nicht nur Schüler:innen und Pädagog:innen betrifft, sondern sich auch auf das Verhältnis von Eltern und Schule insgesamt auswirkt. Im Zentrum der Analyse von Ellen Kollender steht die Auseinandersetzung mit rassistischen Logiken, die das Verhältnis von Eltern und Schule konfigurieren. Es wird u. a. aufgezeigt, welche Erfahrungen Eltern mit institutionellen und individuellen Formen von Rassismus und Diskriminierung in der Schule ihrer Kinder machen. Die elterlichen Erfahrungen werden vor dem Hintergrund der aktuellen (bildungs-)politischen Diskurse beleuchtet und im Kontext schulischer Wissensbestände und Routinen reflektiert. Dabei werden vorherrschende und pejorative Bilder bezogen auf Elterngruppen bestimmter natio-ethno-kultureller Zuschreibungen sichtbar, die das Denken und Handeln von Pädagog:innen prägen. Kollender leitet aus ihren Untersuchungsergebnissen ab, wie Eltern künftig sowohl differenz- wie auch rassismussensibel adressiert und stärker an der Gestaltung von Schule beteiligt werden können. Sie plädiert dafür, Elternbeteiligung grundlegend als Teil rassismussensibler Schulkultur zu denken.

Jeff Bale bereichert den Band mit seinem Beitrag »Multilingualism, Language Education, and the Politics of Comparison« um eine kanadische Perspektive. Er führt ein in kanadische Debatten um Mehrsprachigkeit und rüttelt damit am Mythos der toleranten, offenen und multikulturellen kanadischen Gesellschaft, die oft als Modell für Europa und im schulischen Kontext Deutschlands als Vorzeigeland für Bildungsgerechtigkeit bemüht wird. Bale argumentiert, dass man am Beispiel

Kanadas viel über das Management von Vielsprachigkeit und Mehrsprachigkeit im Bildungssystem lernen könne, aber eben nicht nur Vorbildliches. Er konfrontiert die Lesenden mit dem historischen (Stichwort: Siedler-Kolonialismus) und gegenwärtigen Rassismus der kanadischen Gesellschaft, der über bildungs- und sprachpolitische Maßnahmen aufrechterhalten werde. Wer Kanada nur als positives Vorbild für den Umgang mit Mehrsprachigkeit und Multikulturalität beschreibe, ignoriere die etablierten und kaum hinterfragten rassistischen und sprachlichen Hierarchien und Ordnungen an kanadischen Schulen, insbesondere bezogen auf die verschiedenen Gruppen von indigenen Bevölkerungsgruppen Kanadas, deren Sprachen bis heute marginalisiert seien. Bale macht es sich daher in seinem Beitrag zur Aufgabe, die hier wirksamen machtvollen Ordnungen zu benennen und deren Wirkung auf rassifizierte mehrsprachige Lernende empirisch nachzuweisen. In diesem Zusammenhang präsentiert er Analysen und Beispiele aus Interviews mit Schüler:innen und Lehrkräften, die im Rahmen einer aktuellen Studie erhoben wurden, welche er mit einem Forschungsteam an der University of Toronto durchgeführt hat. Hier werden zunächst die politischen und damit strukturellen Rahmenbedingungen kritisch unter die Lupe genommen, an denen die curriculare Gestaltung und die Organisation des schulischen Sprachunterrichts in der Provinz Ontario (Kanada) ausgerichtet sind. Anschließend werden die Folgen und Wirkungen dieser sprach- und schulpolitischen Maßnahmen im Hinblick auf die Lebens- und Lernerfahrungen rassifizierter und mehrsprachig aufwachsender Schüler:innen an Ontarios Schulen untersucht. Schließlich werden konkrete Möglichkeiten aufgezeigt, wie Lehrkräfte die sprachliche und rassistische Ordnung durchbrechen und mehrsprachige Lernende effektiver begleiten und unterstützen können.

Literatur

Doğmuş, A.; Karakaşoğlu, Y. und Mecheril, P. (Hrsg.) (2016): Pädagogisches Können in der Migrationsgesellschaft. Wiesbaden: Springer Fachmedien.
Georgi, V. (2015): Vielfalt lernen und leben. In: U. Kober (Hrsg.): Klasse Vielfalt – Chancen und Herausforderungen der interkulturellen Öffnung von Schule. (S. 7–28). Gütersloh: Bertelsmann Verlag.
Georgi, V. & Keküllüoğlu, F. (2018): Integration-Inklusion. In: I. Gogolin, V. B. Georgi, M. Krüger-Potratz, D. Lengyel & U. Sandfuchs (Hrsg.): Handbuch Interkulturelle Pädagogik (S. 41–46). Bad Heilbrunn: Klinkhardt.
Gogolin, I.; Georgi, V. B.; Krüger-Potratz, M.; Lengyel, D. und Sandfuchs, U. (Hrsg.) (2018): Handbuch Interkulturelle Pädagogik. Bad Heilbrunn: Verlag Julius Klinkhardt.
Heidrich, L., Karakaşoğlu, Y., Mecheril, P. & Shure, S. (Hrsg.) (2021): Regimes of Belonging – Schools – Migrations. Teaching in (Trans)National Constellations. Wiesbaden: Springer VS. https://doi.org/10.26092/elib/486
Helsper, W., Hörster, R. & Kade, J. (Hrsg.) (2003): Ungewissheit. Pädagogische Felder im Modernisierungsprozess. Weilerswist: Velbrück Wissenschaft
Horlacher, R. (2010): Bildung. In: M. Schlüter und S. Jordan (Hrsg.) (2010): Lexikon Pädagogik, Hundert Grundbegriffe. Stuttgart: Reclam, S. 60–62.

Karakaşoğlu, Y. (2014): Bildung als Voraussetzung für gleichberechtigte Teilhabe an der Gesellschaft. In: M. Krüger-Potratz und C. Schroeder (Hrsg.): Vielfalt als Leitmotiv. Göttingen: V & R Unipress (Beiträge der Akademie für Migration und Integration, H. 14), S. 103–112.

Karakaşoğlu, Y., Gruhn, M. & Wojciechowicz, A. A. (2011): Interkulturelle Schulentwicklung unter der Lupe. (Inter-)Nationale Impulse und Herausforderungen für Steuerungsstrategien am Beispiel Bremen. Münster: Waxmann.

Karakaşoğlu, Y. & Mecheril, P. (2019): Pädagogisches Können. Grundsätzliche Überlegungen zu LehrerInnenbildung in der Migrationsgesellschaft. In: D. Cerny & M. Oberlechner (Hrsg.): Schule – Gesellschaft – Migration. Beiträge zur diskursiven Aushandlung des schulischen Lern- und Bildungsraums aus theoretischer, empirischer, curricularer und didaktischer Perspektive (S. 17–32). Opladen, Berlin, Toronto: Barbara Budrich.

Mecheril, P.; Kourabas, V. und Rangger, M. (2016): Handbuch Migrationspädagogik. Weinheim: Beltz.

Reichenbach, R. (2010): Erziehung. In: Lexikon Pädagogik, Hundert Grundbegriffe. Stuttgart: Reclam, S. 87–90.

1 Schulfunktionen transnational – Implikationen für Migration und Mobilität

Dita Vogel

Einleitung

Im Mai 2022 eröffnete in Bremen die Senatorin für Kinder und Bildung eine Schule, in der geflüchtete Schüler:innen überwiegend Fachunterricht in ukrainischer Sprache erhalten und daneben auch Deutsch lernen. Ähnliche Angebote mit ukrainischen Lehrkräften in ukrainischer Sprache gibt es inzwischen auch in einigen anderen Bundesländern. Es ist bemerkenswert, mit welcher Selbstverständlichkeit eine Lösung umgesetzt wird, in der allgemeinbildende öffentliche Schulen Fachunterricht in einer anderen Sprache als Deutsch für Zugewanderte anbieten.

Normalerweise wird bisher eine rasche Integration in Regelklassen mit vorgeschaltetem Deutschlernen als Regelweg – mit Variationen in den Bundesländern – beschritten. Dass eine rasche Integration in bestehende Regelkassen den Königsweg zur Aufnahme von Zugewanderten darstellt, wird in der wissenschaftlichen Literatur breit vertreten (z. B. Karakayali et al. 2017). Es spiegelt sich auch in der zentralen Empfehlung zur »Unterstützung geflüchteter Kinder und Jugendlicher aus der Ukraine durch rasche Integration in Kitas und Schulen«, das die Ständige Wissenschaftliche Kommission der Kultusministerkonferenz, ein beratendes Gremium aus Bildungsforschenden unterschiedlicher Disziplinen, abgegeben hat:

> »Möglichst rasche Integration der geflüchteten Kinder und Jugendlichen in Kita und Schule mit dem Ziel, den Erwerb der Bildungssprache Deutsch und die baldige Integration in den Fachunterricht zu ermöglichen, was einen hohen Anteil an Deutsch als Zweitsprache in der Anfangsphase sowie eine kontinuierliche Unterstützung in den Folgejahren erfordert. Möglichst keine Einrichtung von Vorbereitungsklassen in der Grundschule und den unteren Jahrgangsstufen des Sekundarbereichs« (SWK 2022: 4).

Zusätzlich zum Regelunterricht seien in Anlehnung an den herkunftssprachlichen Unterricht ›unterrichtsergänzende Bildungsangebote‹ in ukrainischer Sprache wünschenswert. Eine bemerkenswerte Ausnahme stellt die Forderung dar, wer im Sommer 2022 planmäßig seinen Abschluss in der Ukraine machen wolle, solle zur Vorbereitung Unterricht nach ukrainischem Lehrplan auch online erhalten können (SWK 2022: 5).

Die Frage der adäquaten Aufnahme ukrainischer Geflüchteter wirft ein Schlaglicht auf eine Frage von grundsätzlicher Relevanz für das Bildungssystem und die erziehungswissenschaftliche Forschung und Lehre. Das Schulsystem ist durch die Kontinuitätsannahme geprägt:

»In der altersphasenspezifischen Gliederung des Bildungssystems vom Kindergarten bis zur Seniorenbildung bauen die einzelnen Bildungssegmente aufeinander auf, und gesellschaftlich wird erwartet, dass Kinder, Jugendliche und Erwachsene das Bildungssystem ohne Unterbrechung durchlaufen (zeitliche Kontinuität). Zudem ist ein von den Verhältnissen erzwungener Wechsel zwischen nationalstaatlichen Bildungssystemen meistens schwierig, weil z. B. im Herkunftsland erlangte Abschlüsse im Zielland nicht anerkannt werden und/oder erst einmal eine neue Unterrichtssprache erlernt werden muss. Das heißt, in Nationalgesellschaften wird stillschweigend davon ausgegangen, dass Kinder, Jugendliche und Erwachsene ein einziges Bildungssystem – nämlich das des Landes der Geburt – durchlaufen (räumliche Kontinuität).« (Schroeder/Seukwa 2018: 141)

Diese Annahme ist aber in der deutschen Migrationsgesellschaft heute nur noch bedingt zutreffend. Bei ukrainischen Geflüchteten ist es in der hochgradig dynamischen Situation zu Beginn des Kriegs 2022 besonders deutlich, dass offen ist, ob die Kinder und Jugendlichen in Deutschland bleiben, weiterwandern oder wieder in die Ukraine zurückkehren. Aber auch für viele andere Schüler:innen gehört ein zeitweises oder dauerhaftes Leben in einem anderen Staat zum Möglichkeitsraum für die Zukunft.

Implikationen von transnationaler Mobilität in diesem Sinne wurden im Forschungs- und Entwicklungsprojekt Transnationale Mobilität in Schulen (TraMiS)[1] herausgearbeitet, das im folgenden Abschnitt kurz vorgestellt wird, bevor *eine* theoretische Implikation näher ausgearbeitet wird. Dabei geht es um die Frage, welche Funktionen Schule für individuelle Schüler:innen und für ›die Gesellschaft‹ hat. Als einschlägiges Werk zu Schulfunktionen wurde Fends Theorie der Schule (Fend 2008) herangezogen, das in der Lehrkräftebildung genutzt und viel zitiert wird (aktuell z. B. Brinkmann 2021). Mit Fends Ausdifferenzierung von Schulfunktionen wurde ein hilfreiches theoretisches Gerüst geschaffen, wie über die Bedeutung von Schule nachgedacht werden kann, die auch in kritischen Diskussionen – z. T. mit geringfügigen Differenzierungen – aufgegriffen wird. So verweist z. B. Lang-Wojtasik (2009: 38) auf Qualifikation, Integration und Selektion als zentrale schulische Funktionen, bei denen weltgesellschaftliche Verhältnisse nicht durchgreifend berücksichtigt würden, ohne dabei die Funktionen selbst zu diskutieren. In diesem Beitrag werden sie aus migrationsgesellschaftlicher Perspektive diskutiert.[2]

---

1 Das Forschungs- und Entwicklungsprojekts Transnationale Mobilität in Schulen wurde vom Bundesministerium für Bildung und Forschung im Programm ›Migration und gesellschaftlicher Wandel‹ (01UM1803Y) gefördert. Akademische Texte sowie illustrierte Handouts und Comics für Bildungskontexte unter tramis.de.
2 In diesem Beitrag wird ein Teil eines gemeinsamen Arbeitspapiers mit Yasemin Karakaşoğlu überarbeitet und ergänzt (Karakaşoğlu/Vogel 2020).

1.1 Transnationale Migration und Mobilität in Schulen

Migration im Sinne einer grenzüberschreitenden Verlagerung des Wohnorts kann als *die* Entwicklung bezeichnet werden, die moderne Gesellschaften grundlegend prägt, sodass zunehmend der von Paul Mecheril geprägte Begriff der »Migrationsgesellschaft« verwendet wird (Foroutan/Ikiz 2016: 138). Daraus folgt die Notwendigkeit, die Schule der Migrationsgesellschaft plural und transnational zu denken:

> »Die von den SchülerInnen eingebrachten Unterschiede – etwa der Sprache, der Weltanschauung, des Wissens, des Verhältnisses zur Bildungsinstitution – sind Unterschiede, die konstitutiv für die migrationsgesellschaftlichen Verhältnisse sind. Hierbei handelt es sich nicht um »interkulturelle Unterschiede« in dem Sinne, dass Andere ihre kulturellen Gepflogenheiten zu uns mitgebracht hätten. Vielmehr sind die kulturellen und sprachlichen Unterschiede Kennzeichen der einen (pluralen) Gesellschaft: Wir sind different, sprechen Türkisch, Kurdisch, Russisch und Deutsch, haben unterschiedliche Weltanschauungen, die traditionell oder in neuen, hybriden Formen verknüpft, geglaubt und gelebt werden.« (Karakaşoğlu/Mecheril 2019: 25)

Schüler:innen haben diverse Orientierungen in Bezug auf ihren künftigen Lebensraum: Ein Teil lebt in der Vorstellung, stets am selben vertrauten Ort wohnen zu bleiben. Ein anderer Teil ist durch diverse transnationale Orientierungen geprägt – durch freiwillige oder erzwungene eigene Migration, familiäre Beziehungen im Ausland, Tourismus, wirtschaftliche Verflechtungen oder z. B. das Leben in einer Grenzregion. Dies impliziert mentale Vorstellungen, die quer zu nationalstaatlichen Grenzen liegen und auch transnationale Mobilität im Sinne einer möglichen Zukunftsperspektive im Ausland einschließen können (Karakaşoğlu/Vogel 2019: 96).[3]

Transnationale Mobilität in diesem Sinn ist das zentrale Thema des Forschungs- und Entwicklungsprojekts TraMiS, das von 2019 bis 2021 an der Universität Bremen durchgeführt wurde. Ausgangspunkt des Projekts war die Identifikation eines historischen Paradigmenwechsels in der migrationsbezogenen Bildungspolitik: Während in der Phase der Zuwanderung durch angeworbene Arbeitskräfte von den 1950er bis in die 1970er Jahre davon ausgegangen wurde, dass ihre Kinder irgendwann zurückkehren würden, wird spätestens seit den 1990er Jahren davon ausgegangen, dass Schüler:innen bleiben und in der Schule nur für das weitere Leben in Deutschland lernen müssen. Die Migrationsrealität war und ist eine andere: Es gab und gibt diverse Wanderungsbewegungen, die Bleiben, Rückkehr, Weiterwanderung und alle möglichen Kombinationen einschließen. So kamen z. B. laut Wanderungsstatistik in den Jahren 1991 bis 2015 auf zehn aus dem Ausland zugezogene Minderjährige fünf Fortgezogene (Vogel/Dittmer 2019: 20).

Das Projekt TraMiS hat sich auf die systematische Suche nach Ansätzen begeben, die inklusiv – also an den Bedarfen von Schüler:innen orientiert – damit umgehen, dass alle Schüler:innen möglicherweise nicht ihren gesamten Bildungs- und Lebensweg in Deutschland verbringen. Inklusion als normative Orientierung setzt die

---

3 Wenn transnationale Verflechtungen eine gewisse Breite und Dauerhaftigkeit aufweisen, werden sie auch als transnationale soziale Räume bezeichnet (Gogolin/Pries 2004: 11).

Aufgabe zentral, zu überlegen, wie sich die Schule an die Bedarfe der Schüler:innen bei Zuwanderung und Mobilität – im Sinne unterschiedlicher Möglichkeitsräume für ein zukünftige Lebensorte – anpasst, denn Inklusion verlangt die Adressierung der diversen Bedarfe aller Kinder und Jugendlichen als Verantwortung des Regelsystems der öffentlichen allgemeinbildenden Schulen (UNESCO 2009: 8).

Um das Thema mit Schulleitungsmitgliedern, Lehrkräften, Eltern und Schüler:innen in zwölf diversen engagierten Schulen anschaulich und praxisnah diskutieren zu können, wurden sechs Vignetten als real-hypothetische Szenarios entwickelt, die Reflexionen über reale Umgangsweisen in der eigenen Schule und Verbesserungsmöglichkeiten anregen sollten.[4] Die Vignette »Thiago« ist ein Beispiel, das durch einen realen Fall inspiriert ist, für den ein exploratives Interview durchgeführt wurde:

> Thiago (12) lebt mit seiner Familie in Argentinien. Die Mutter ist Bauingenieurin und wird erstmals an einem großen Bauprojekt im Ausland arbeiten und dafür im nächsten Sommer mit ihrer Familie nach Deutschland umziehen. Das Projekt dauert voraussichtlich drei Jahre. Wo die Familie danach leben wird, hängt von den weiteren beruflichen Projekten der Mutter ab. Sie nimmt Kontakt mit der Schule auf.

Mit der Vignette Thiago wurde die Vorstellung einer wohlhabenden Familie mit hohem formalem Bildungskapital aufgerufen, bei der sowohl Bleiben, Weiterwandern oder Zurückkehren zu den möglichen Zukunftsszenarien der Familienmitglieder gehört.

Außer durch Interviews zu Vignetten wurden weitere Anregungen durch Schulbesuche in den Partnerschulen und in vier vielversprechenden internationalen Kontexten gesucht. Im Ergebnis wurden praktische Impulse zu vier Problemkomplexen ausgearbeitet – sicherlich nicht die einzig möglichen, aber diejenigen, bei denen sich mit unserer Vorgehensweise Handlungsmöglichkeiten für die Lehrkräftebildung, Schulentwicklung oder Bildungspolitik identifizieren ließen, die praxisnah und ergänzt mit illustriertem Material vorgestellt werden: zur Haltung von schulischen Professionellen, zur multilingualen und multiprofessionellen Personalentwicklung, zu Aufnahmemodellen für Zugewanderte und zu Sprachenfächern (https://tramis.de/impulse/).

Zugleich ergaben sich aus der Perspektive transnationaler Migration und Mobilität Fragen an theoretische Rahmungen der Schulpädagogik (Karakaşoğlu/Vogel 2020). Im Folgenden wird der Versuch unternommen, eine dieser Fragen differenzierter aufzugreifen.

---

4 Alle Vignetten sind mit kurzen Erläuterungen auf der Website des Projekts zu finden: https://tramis.de/methoden/

1.2 Schulfunktionen nach Fend

»Die gefährlichsten Schulwege der Welt« heißt eine Serie von Dokumentationen, in denen Kinder begleitet werden, die lange und gefährliche Wege z. B. über Flüsse, Seen und Berge zurücklegen, um zu einem Gebäude zu gelangen, in dem sie mit anderen Kindern unter Anleitung einer Lehrkraft lernen. Im Fokus stehen die Anstrengungen der Kinder – im Hintergrund ist eine grundlegende Annahme: Schulische Bildung ist diese Anstrengungen wert und erfüllt eine Funktion für Kinder und Eltern.

Dass es fast überall auf der Welt ein öffentlich organisiertes und zumindest teilweise finanziertes Bildungswesen gibt, verweist darauf, dass Schulen nicht nur Funktionen für Schüler:innen und ihre Eltern, sondern auch für Kollektive wie Kommunen oder Nationalstaaten erfüllen. In Fends Theorie der Schule von 2006 (2. Aufl. 2008) werden gesellschaftliche Funktionen in erster Linie als Funktionen für eine nationale Gesellschaft gedacht, in der ein »inneres Gefühl der Zusammengehörigkeit, des gemeinsamen Schicksals und der gemeinsamen Verpflichtungen« die Grundlage für die Existenzfähigkeit des Staates bilden (Fend 2008: 47).

Fend entwickelt Schulfunktionen aus struktur-funktionalistischer Sicht (Fend 2008: 36).[5] Bei einer Funktion in diesem Sinne geht es darum, dass ein Teilsystem wie das Bildungssystem Leistungen für andere Teilsysteme erbringt. Systemische Leistungen können mehr oder weniger bewusst von Akteur:innen in Schule und Politik angestrebt werden. Während Wiater (2009: 66) unter Schulfunktionen nur die offiziellen, durch die staatliche Ebene kodifizierten Funktionen fasst, kann auch zwischen manifesten, bewusst zugeordneten und latenten, aus den Wirkungen herleitbaren Funktionen unterschieden werden (Schmidt 1995: 328).[6] Bei den hier angestellten theoretischen Reflexionen wird beides einbezogen.

Das Bildungssystem erfüllt nach Fend »aus gesamtgesellschaftlicher Sicht« »vor allem die Funktion der Reproduktion und Innovation von Strukturen von Gesellschaft und Kultur beim biologischen Austausch der Mitglieder« (Fend 2008: 49). Mit dem ›biologischen‹ Austausch scheint nur auf die demographische Veränderung durch Geburten und Sterben angespielt zu werden, nicht aber die Veränderung der Bevölkerung durch Migration.

Grundlegend unterscheidet Fend (2008: 49 ff.) vier gesellschaftliche Schulfunktionen, die jeweils eine Entsprechung auf der individuellen Ebene der Schüler:innen haben:[7]

---

5 Schulfunktionen hat Fend auch schon in älteren Veröffentlichungen dargestellt, worauf dann z. B. Wenning 1999, S. 145–154, in seiner leicht abweichenden Darstellung von Funktionen des Bildungswesens Bezug nimmt.
6 Lang-Wojtasik 2009: 35 bezeichnet letztere als Funktionalität.
7 In einem neueren, kurz gehaltenen Text zur Geschichte der Schulpädagogik fehlt die Enkulturationsfunktion, während zugleich Kultur als Erfahrungsfeld eingeführt wird Fend 2019: 926 f.

1. Bei der *Enkulturalitionsfunktion* geht es um die Reproduktion und Innovation von »Kultur« durch die Beherrschung grundlegender Symbolsysteme wie Sprache und Schrift, kulturelle Fertigkeiten, Verständnisformen von Welt, Person und Wertorientierungen. Kinder sollen »in ihrer jeweiligen Kultur heimisch« werden (Fend 2008: 49) und eine Autonomie der Person im Denken und Handeln entwickeln (ebd.: 53).
2. Bei der *Integrations- und Legitimationsfunktion* geht es nach Fend um den inneren Zusammenhalt von Gesellschaft und um Friedenssicherung. Normen, Werte und Weltsichten werden vermittelt, die das politische System stabilisieren und den Individuen Angebote zur sozialen Bindung und Identifikation bieten (ebd.: 50, 53).
3. Bei der *Qualifikationsfunktion* geht es um wirtschaftliche Wettbewerbsfähigkeit einer Nation. Zu diesem Zweck werden die Fertigkeiten und Kenntnissen vermittelt, die zur Ausübung »konkreter« Arbeit erforderlich sind (ebd.: 50). Individuen erhalten dadurch die Chance auf eine selbstständige berufliche Lebensführung (ebd.: 53).
4. Bei der *Allokationsfunktion* geht es um die »Aufgabe, die Verteilungen auf zukünftige Berufslaufbahnen und Berufe vorzunehmen« (ebd.: 50). Dabei gehe es um eine legitimierbare Allokation von Personen mit bestimmten Qualifikationen zu Aufgaben mit bestimmten Anforderungen. Individuen erhalten einen Orientierungsrahmen für die Lebensplanung.

Im Kontext Enkulturation verwendet Fend das Konzept der ›Kultur‹ so, dass Menschen zu kulturell geprägten Großkollektiven zugeordnet werden. So gehe es bei der Enkulturationsfunktion einerseits um das Erlernen von Sprache und Schrift, andererseits auch um Verständnisformen der Welt und Person, bei denen die »tiefe Einfärbung« einer Person besonders im »Vergleich der christlichen Kultur mit islamischen, jüdischen oder auch indigenen Kulturen« sichtbar werde (Fend 2008: 49). Die Vorstellung nationaler oder religiöser Großkollektive, die sich scheinbar klar trennbar gegenüberstehen, ist problematisch angesichts faktisch auch innerhalb von Nationalgesellschaften stark variierenden und in Veränderung begriffenen kulturellen Vorstellungen. In den Erziehungswissenschaften wird Kultur als dynamisches und unabgeschlossenes, Orientierung gebendes Konstrukt verwendet (siehe z. B. Leiprecht 2004: 15; Auernheimer 2016: 76).

Der von Fend für die Schulfunktionen verwendete Begriff ›Integration‹ ist im Kontext der deutschen Migrationsdebatte ein hoch umstrittenes Schlagwort.[8] In der erziehungswissenschaftlichen Diskussion wird zunehmend von Inklusion gesprochen und damit die Aufmerksamkeit von der Integrationsfähigkeit von Einzelnen und Gruppen hin zur Transformationsfähigkeit von Institutionen gelenkt (Georgi/Keküllüoğlu 2018: 4). Bei Fends mit Integration bezeichneter Schulfunktion geht es aber in erster Linie darum, dass Schüler:innen ein Zugehörigkeitsgefühl entwickeln,

---

8 Ein Beispiel ist auch die 2019 von der deutschen Regierung eingesetzte »Fachkommission Integrationsfähigkeit«, die sich in ihrem Bericht vom Begriff der ›Integrationsfähigkeit‹ wegen der durch ihn geweckten Assoziationen zu Belastungsgrenzen verabschiedet hat (Fachkommission Integrationsfähigkeit 2021: 14).

das für den inneren Zusammenhalt ›der Gesellschaft‹ wichtig ist – also eher um Kohäsion.

Mit Allokations- oder Selektionsfunktion (Prengel 2007: 63, Wenning 1999: 148) wird der Schule die meritokratisch legitimierte Funktion der Verteilung von Personen auf Positionen zugeschrieben. Tatsächlich ist aber der Zugang zu beruflichen Positionen durch die aufnehmenden Betriebe und Institutionen determiniert, die Schul- und Studienabgangszeugnisse als Indikator verwenden, aber auch davon abweichen können. Die ›terminale Struktur‹ kontinentaler Bildungssysteme mit der ›Schlüsselprüfung‹ Abitur, wie Fend (2019: 933) an anderer Stelle schreibt, gilt allenfalls für den Zugang zum Studium an Hochschulen. Daher trägt das Bildungssystem weniger zur Allokation von Positionen als zur Legitimation unterschiedlicher Zugänge zu Positionen bei.

Da in der ›Integrations- und Legitimationsfunktion‹ außerdem eigentlich zwei Funktionen enthalten sind und die Betreuungsfunktion von Schulen fehlt, wird im nächsten Abschnitt ein die hier formulierten kritischen Aspekte berücksichtigendes Konzept mit sechs Schulfunktionen vorgestellt. Dabei wird in migrationsgesellschaftlicher Perspektive nach deren räumlicher Reichweite gefragt sowie diskutiert, wie die Funktionen erfüllt werden können, wenn Migration und Mobilität als inhärente Kennzeichen der gegenwärtigen Gesellschaft gedacht werden und somit Gesellschaft über den nationalen Kontext hinaus transnational gedacht wird.

1.3 Überarbeitete Schulfunktionen und Implikationen für Migration und Mobilität

Tabelle 1.1 zeigt erweiterte gesellschaftliche Schulfunktionen im Überblick. Dazu wird zugeordnet, welche Funktionen sie für individuelle Schüler:innen haben müssen, um wirksam zu werden, an welchen Werten sie primär in demokratischen Staaten orientiert sind und in welchen schulischen Handlungsbereichen Lernprozesse zur Erfüllung dieser Funktionen primär stattfinden. Im Folgenden werden Denkanstöße geliefert, Schulfunktionen umfassender und in der Reichweite nicht nur auf den Nationalstaat bezogen zu denken. Was das unter Berücksichtigung von Migration und Mobilität bedeutet, wird weiter ausgeführt und dabei auch auf Erfahrungen und Ideen von Praxisakteur:innen im Projekt TraMiS zurückgegriffen. Die Analyse kann nur exemplarisch aufzeigen, inwiefern ein nicht ausschließlich auf Bezüge zum Nationalen ausgerichteter Orientierungshorizont der Schulfunktionen migrationsgesellschaftliche Realitäten angemessener abbildet.

Tab. 1.1: Funktionen des Schulsystems in einem demokratischen Staat

Gesellschaftliche Funktion	Individuelle Funktion	Normative Orientierung	Primäre schulische Handlungsbereiche
Sinnsystem-Reproduktionsfunktion: Erhalt und Weiterentwicklung von Sinnsystemen	Kommunikationsfähigkeit, persönliche Autonomie, Selbstwirksamkeit	Verstehen, Verständigung	Unterricht, schulisches Sozialleben
Kohäsionsfunktion: Erzeugung von gesellschaftlichem Zusammenhalt	Zugehörigkeit, Identität	Empathie, Solidarität	Sozial- und kulturwissenschaftliche Unterrichtsfächer, Schulkultur und -profile
Politische Stabilisierungsfunktion: Akzeptanz von Demokratie und Rechtsstaat	Fähigkeit zur politischen Willensbildung und Partizipation	Konflikt- und Reflexionsfähigkeit, Toleranz, Akzeptanz demokratischer Entscheidungen	Politische Bildung, schulische Mitwirkungsmöglichkeiten
Qualifizierungsfunktion: Voraussetzungen für wirtschaftlichen Wohlstand	Handlungswissen für Berufsorientierung und -einstieg, Beruf und eigenständige Lebensführung	Selbständigkeit, Wohlstand, gutes Leben	Fachunterricht, Vermittlung von Praxisorientierung und -erfahrungen
Legitimierungsfunktion: Rechtfertigung des Zugangs zu Positionen	Erfahrung der Selbstwirksamkeit, Orientierung für die Lebensplanung	Chancengleichheit, Leistungsgerechtigkeit	Feedback, Prüfungen, Benotung, Abschlüsse
Betreuungsfunktion: Freistellung von Erziehungsberechtigten für andere Aufgaben	Schutz	Sicherheit, Wohlstand	Erziehung, Aufsicht, Betreuungsprogramme

Quelle: Eigene Darstellung, Weiterentwicklung auf der Basis von Fend (2008: 49–54)

1.3.1 Sinnsystem-Reproduktionsfunktion

Bei der Sinnsystem-Reproduktionsfunktion geht es darum, dass Signale und Symbole verstanden werden – in einer Sprache, in einer Schrift, aber z. B. auch in der Mathematik oder das Periodensystem in der Chemie oder die Symbolik in Landkarten. Auch im alltagspraktischen Bereich gibt es Sinnsysteme, die gelernt werden können, z. B. Uhrzeiten und Kalender, Fahrpläne oder Verkehrszeichen. Durch das Erlernen von Sinnsystemen werden Kinder und Jugendliche in spezifischen Räumen kommunikations- und handlungsfähig. Sinnsysteme haben einen unterschiedlichen Grad an räumlicher Verbreitung und – bei länderübergreifendem Gebrauch – Transnationalität.

Damit Zugewanderte von Anfang an ihre fachlichen Lernprozesse fortsetzen können, müssen sie an bereits erlernten Sinnsystemen anknüpfen können. Eine Diagnostik des Lernstands, Unterricht in einer bekannten Sprache oder sprachsensibler Fachunterricht unter Nutzung von Ressourcen in bekannten sprachlichen Sinnsystemen sind Ansätze, um dies zu ermöglichen. Zum Beispiel sollten Lehrkräfte auf thematisch übersichtlich beschriebene Online-Ressourcen für ihr Fach in einer Vielzahl von Sprachen zurückgreifen können, damit neue Schüler:innen Fachinhalte auch in einer besser beherrschten Sprache nachlesen können. Einiges gibt es bereits online[9], wobei niedrigschwellige Beschreibungen, die eine Zuordnung zu Lernstoffen ermöglichen, teils fehlen.

Da das Leben in Deutschland für Zugewanderte – unabhängig von den aktuellen Plänen – immer eine mögliche Zukunftsperspektive ist, müssen darüber hinaus vor allem gute Deutschkenntnisse erworben werden können. Bei Aus- oder Weiterwanderung als einer möglichen Perspektive sind weitere Sprachen wichtig – auf ein mögliches Zielland ausgerichtet oder möglichst breit einsetzbar. In Bezug auf die Vignette Thiago, in der die Figur Thiago mit zwölf aus Argentinien zugewandert ist und möglicherweise nach drei Jahren bleibt oder weiterwandert, reflektiert eine Lehrkraft, dass das Erlernen der Unterrichtssprache Deutsch, die Unterstützung in der Erstsprache und die Wahl eines Sprachenfachs, das auch bei einer Weiterwanderung nützlich ist, überlegt werden sollte und fasst damit treffend Aspekte zusammen, die auch von anderen genannt werden:

> »und dann steht das Deutschlernen, wenn er das noch nicht kann, im Vordergrund. Ich frage immer wieder bei allen Kindern, die kommen, wie können wir sie in der Muttersprache weiter unterstützen, und wenn sie wieder gehen, wäre dann die Frage, wenn sich das irgendwann klärt, welche Fremdsprache müssen sie denn noch erlernen.« (Schulleitungsmitglied Gymnasium A-Stadt)[10]

Dass eine »Fremdsprache« »denn noch« erlernt werden müsse, verweist darauf, dass zugewanderte Schüler:innen im Regelfall schon eine oder mehrere Sprachen beherrschen und zusätzlich im Gymnasium am Unterricht in zwei Fremdsprachen teilnehmen müssen. So könnten bei Thiago Spanischkenntnisse angenommen werden, die er im spanischen Fremdsprachenunterricht nutzen, aber vermutlich nicht auf seinem Niveau weiterentwickeln kann. Die meisten zugewanderten Schüler:innen können ihre mitgebrachten Sprachen nicht als Schulfach belegen, da Fremdsprachenunterricht auf wenige Sprachen konzentriert ist und auch nur ein

---

9 Mundo. Die offene Bildungsmediathek der Länder https://mundo.schule/
10 Die in diesem Text aufgeführten Zitate sind der Auswertung transkribierter Gruppeninterviews mit insgesamt 11 Personen entnommen. Um trotz der kleinen Zahl namentlich bekannter Schulen zu anonymisieren, wird nur zwischen Gymnasium und allen übrigen Sekundarschulen unterschieden, aber nicht das Geschlecht oder die genaue Funktion angegeben. Um unterschiedliche Sprecher:innen für den Zweck dieses Beitrags zu unterscheiden, werden die jeweiligen Städte in der Reihenfolge der Nennung als A-Stadt, B-Stadt etc. hinzugefügt.

kleiner Teil von Schüler:innen Zugang zu sog. herkunftssprachlichen Unterricht außerhalb der regulären Stundentafel hat. Für eine Gesellschaft, in der Migration Normalität ist, wäre ein Fachunterricht in vielen Sprachen mit ihren entsprechenden kulturellen Bezügen einleuchtend, der modularisiert oder binnendifferenziert unter Berücksichtigung von Vorkenntnissen stattfindet.

1.3.2 Kohäsionsfunktion

Unter der gesellschaftlichen Kohäsionsfunktion wird hier verstanden, dass Kinder und Jugendliche in der Schule lernen, sich als Teil einer größeren Gruppe von ihnen nicht persönlich bekannten Menschen zu fühlen, die bestimmte Verhaltensnormen anerkennen und Wissensbestände teilen und sich bei Bedarf zu unterstützen bereit sind. Die leitende Norm ist die Solidarität. Kohäsion bedeutet auf der individuellen Ebene, dass die einzelnen Personen Zugehörigkeiten in ihre Identität integrieren können. Schulkultur und -profile können beeinflussen, ob sich die Schüler:innen der Schulgemeinschaft zugehörig fühlen.

Unterrichtsbereiche, die für die Kohäsionsfunktion besonders relevant sind, sind der Unterricht in den sozial- und kulturwissenschaftlichen Fächern. Sie können für lokale Räume wichtige orientierende und identitätsstiftende Aktivitäten beinhalten (z. B. den Stadtteil kennenlernen), sich auf einen Staat beziehen (z. B. Unterricht zu deutscher Geschichte), auf einen Sprachraum (englischsprachige Literatur) oder auf einen überstaatlichen Zusammenhang (z. B. Europabildung, Globale Bildung). Sie können weltweit in bestimmten Gruppen oder Schichten verbreitet sein (z. B. Musikrichtungen oder Religionen) oder sich auf weltweite Organisationsformen beziehen (z. B. Vereinte Nationen). Schulkulturen und -profile können in unterschiedlichem Maß transnational orientiert und eingebunden sein. Wie sich am Beispiel von Schulen aus dem TraMiS-Projekt exemplarisch zeigen lässt, waren dies z. B. eine Waldorfschule, deren Schulleben interkulturell ausgerichtet ist, eine europäische Schule, die EU-weit anerkannte Abschlüsse nach europäischem Curriculum bietet, ein bilingual deutsch-englisches Gymnasium, das mit explizit europäischer Orientierung vom Landesministerium als Europaschule zertifiziert ist, sowie ein Gymnasium mit bi-national und bilingual polnisch-deutschem Zweig, das zugleich eine transnational-europäische Orientierung als zertifizierte Botschafterschule des Europäischen Parlaments pflegt. Eine transnationale Orientierung kann, muss aber nicht mit in anderen Ländern anerkannten Abschlüssen verbunden werden.

Schulwechsel von Jugendlichen werden in der TraMiS-Studie auch bei den Kindern von Hochqualifizierten als schwierige Erfahrung beschrieben, die zu Entwurzelung und Demotivation führen kann, sodass auch Beispiele von Jugendlichen beschrieben werden, die ohne die Familie in das Herkunftsland zurückgekehrt sind. In dem Maße, wie bereits transnationale Orientierungen vorliegen und nach Migration aufgegriffen werden können, kann ein Schulwechsel durch Migration mehr oder weniger Herausforderungen für die Identität der Kinder und Jugendlichen darstellen. Für eine transnational inklusive Schulkultur wären dementsprechend gemeinschaftsstiftende Rituale und Adressierungen wichtig, die für alle anschlussfähig sind. Bei lokalen und globalen Inhalten liegt es nahe, dass Lehrkräfte mit einem einschließenden Wir kommunizieren (Wir in unserer Stadt, wir an Musik Interessierte), sodass sich alle Schüler:innen angesprochen fühlen. Das gilt auch z. B. für weltweit relevante Aspekte wie Klimawandel und Bildung für nachhaltige Entwicklung, weil alle Menschen auf der Welt betroffen sind. Wenn es dagegen um nationale Inhalte geht, z. B. das Regierungssystem der Bundesrepublik Deutschland, wird möglicherweise in einer Weise darüber kommuniziert, die eher Ausschluss- als Einschlussgefühle erzeugt (z. B. ›Wir wählen den deutschen Bundestag‹ schließt Schüler:innen ohne deutsche Staatsangehörigkeit aus).[11]

1.3.3 Politische Stabilisierungsfunktion

In allen politischen Systemen werden Schulen zur Stabilisierung der geltenden Staatsform eingesetzt – in unterschiedlich ausgestalteten demokratischen wie auch mehr oder weniger offen autoritären Staaten, wobei die Organisationen auf der Weltebene Demokratie, Rechtsstaatlichkeit und nachhaltige Entwicklung als Norm verbreiten. Die UNESCO formuliert Bildungsziele für nachhaltige Entwicklung, die in nationalen Kontexten unterschiedlich aufgenommen und implementiert werden. In Deutschland z. B. wurde ein Orientierungsrahmen für den »Lernbereich Globale Entwicklung« im Rahmen einer Bildung für nachhaltige Entwicklung formuliert, der Bildungsziele auf unterschiedlichen Handlungsebenen formuliert: Individuum, Familie/Kleingruppe, Gemeinde, Region, Nation/Staat, transnationale Einheiten, Welt (KMK/BMZ 2016: 37).

In autoritären Staaten werden Schulen auch zur Stabilisierung der Regierungsform und damit oft der Herrschaft einer Person, Familie oder Gruppe eingesetzt, z. B. durch Führerkult, nationalistische und rassistische Erzählungen sowie den Aufbau von Feindbildern außerhalb des eigenen Landes – z. B. in Nordkorea.[12]

Dies kann sich niederschlagen in unkritischem Umgang mit autoritären Regierungsformen, ja Zustimmung zu diesen, mit Unkenntnis gegenüber einer demokratisch-pluralistischen Verfasstheit von Gesellschaft, von egalitären Geschlechterverhältnissen etc. Vor dem Hintergrund, dass Schule hier unter den Bedingungen von Zu- und Abwanderung als Alltagsnormalität umfassende Aufgaben der Wissensvermittlung und Sozialisation zu leisten hat, betonen Lehrer:innen im Projekt TraMiS Unterstützungsbedarf durch multiprofessionelle und kultursensible und multilinguale Teams.[13]

---

11 Für eine Illustration zu so erzeugten Ausschlussgefühlen siehe TraMiS 2021.
12 Anschaulich dargestellt in »Im Strahl der Sonne« von Vitaly Mansky, der eine Schülerin ein Jahr lang unter strenger Aufsicht der staatlichen Zensur begleiten durfte. https://www.bpb.de/mediathek/video/245969/im-strahl-der-sonne/
13 Siehe dazu auch Dittmer 2021.

1.3.4 Qualifizierungsfunktion

Bei der Qualifizierungsfunktion geht es um Voraussetzungen für die Partizipation am Sozial- und Erwerbsleben. Bei Fend geht es in nationalstaatlicher Perspektive darum, dass die wirtschaftliche Wettbewerbsfähigkeit eines Landes durch den Aufbau von ›Humankapital‹ (Fend 2009:52) gefördert werde. Damit wird die Vorstellung nahegelegt, Qualifizierung erfülle keine gesellschaftliche Funktion, wenn jemand nach seiner Schulzeit abwandert. In einer weltgesellschaftlichen Perspektive hat allerdings gerade Migration die Funktion, zum Wohlstand der Welt beizutragen, wenn Menschen dahin gehen, wo sie Arbeit finden und Gelerntes anwenden können. Die normative Orientierung dabei ist ökonomische Unabhängigkeit, Wohlstand oder ein gutes Leben. Schule kann Interesse wecken, Grundlagenwissen für spätere spezialisierte Ausbildungen vermitteln und Eigenschaften und Haltungen fördern, die für die regulierte Erwerbspraxis nützlich sind – z.B. Zuverlässigkeit, Frustrationstoleranz, Fleiß, Kooperationswillen und Kreativität. Insoweit die Anforderungen im Erwerbsleben sich länderübergreifend ähneln, ist auch hier eine transnationale Reichweite anzunehmen.

Wenn Zugewanderte etwas gelernt haben, was nicht zertifiziert wurde oder was nicht erkannt wird, weil darüber noch nicht auf Deutsch gesprochen werden kann, kann es zu frustrierendem Doppellernen führen, das Zugewanderte entgegen dem eigenen Bedarf nicht weiter qualifiziert. So betont z.B. ein Schulleitungsmitglied aus E-Stadt die Notwendigkeit der Individualisierung von Lernplänen nach der Erfahrung mit jugendlichen Syrern, die »ganz schnell super gut waren in Mathe«, denen aber Grundlagen in fast allen anderen Fächern fehlten, die dort kein »Weltwissen in unserem klassischen Sinne« besaßen.

Wenn die Zugewanderten nach einigen Jahren zurück- oder weiterwandern sollten, erweist sich ein längerer Zeitraum, in dem nur Deutsch gelernt wurde, für diese Lebenssituation als noch problematischer als in Deutschland, weil es ggf. altersbedingt keinen Einstieg mehr in die Schule des neuen Ankunftskontextes gibt. Wissen zu Fachinhalten, das in Schulen vermittelt wird, wäre so über den verbindlichen Kontext Schule nicht mehr nachzuholen, sondern müsste in mühsamer Eigeninitiative erworben werden.

Was ein von Abschiebung bedrohtes Mädchen (Vignette Jelena) nach zweijährigem Aufenthalt in einer deutschen Schule mitnehmen würde, versucht ein Schulleitungsmitglied ermutigend darzustellen:

> »Dann würde ich Jelena wahrscheinlich sagen, du hast Deutsch gelernt hier, das ist dein großes Pfund, was du mitnimmst.« (Schulleitungsmitglied Gymnasium F-Stadt)

Transnational inklusive Beschulung in der Migrationsgesellschaft müsste Kompetenztransfer ermöglichen, indem kompatible Kompetenzen wahrgenommen und für konversible Kompetenzen Anschlüsse hergestellt werden (Schroeder/Seukwa 2018: 154). Wenn vorhandene Kenntnisse durch mehrsprachige Ansätze aktiviert und Deutsch- und Fachlernen parallel organisiert wird, wird die Qualifizierung nicht durch das ausschließliche Erlernen einer neuen Unterrichtssprache unterbrochen und verlängert. Anregungen zur Umsetzung lassen sich auch aus internationalen Erfahrungen gewinnen (Vogel/Dittmer 2020).

1.3.5 Legitimierungsfunktion

Bei der Legitimierungsfunktion geht es um die Rechtfertigung von Zugängen zu Positionen. Die prinzipielle, aber faktisch durchaus nicht immer gegebene Möglichkeit von Aufstieg durch Bildung trägt dazu bei, dass Menschen mit unterschiedlicher Macht und Bezahlung verbundene Positionen, die Mitmenschen in der Gesellschaft einnehmen, als legitim erachten. Um diese Funktion zu erfüllen, wird in der Schule gemessen und zertifiziert. Vor allem Abschlusszeugnisse bieten Akteur:innen in nachgelagerten Bildungsstufen oder im Arbeitsmarkt Grundlagen für die Vorbereitung und Legitimierung von Auswahlentscheidungen. Für das Individuum bieten Bewertungen eine Orientierung, was sie im Vergleich zu anderen gut oder weniger gut können (soziale Vergleichsnorm). Sie erfahren Selbstwirksamkeit, wenn nach eigenen Anstrengungen Verbesserungen in den Ergebnissen sichtbar gemacht werden (individuelle Vergleichsnorm). Abschlüsse geben eine Orientierung, welche Lebenswege für sie zugänglich sind, doch diese sind nur begrenzt – z. B. im Rahmen der Europäischen Union oder bei Europäischen oder internationalen Schulen – länderübergreifend anerkannt.

In zahlreichen Interviews im Projekt TraMiS wird thematisiert, dass im Ausland Gelerntes in Deutschland nicht anerkannt wird, sowohl in Bezug auf Schüler:innen als auch in Bezug auf Lehrkräfte. Bei der oben angeführten Vignette Thiago geht ein Schulleitungsmitglied eines Gymnasiums in B-Stadt davon aus, dass Thiago an der Schule einen Schulabschluss schaffen würde, »vom Hintergrund her, der hätte Unterstützung von Eltern, die gebildet sind«. Dies verweist auf die Annahme, dass (nur) als ›gebildet‹ eingeschätzte Eltern die notwendige Unterstützung für das Erreichen eines Schulabschlusses leisten könnten. Ein Schulleitungsmitglied einer Schule in C-Stadt betont in Bezug auf eine unbegleitete 15-Jährige die Einschätzung, dass die Aufnahme in allgemeinbildenden Schulen nicht so gestaltet ist, dass auch Jugendliche genug Zeit haben, einen qualifizierten Schulabschluss zu erreichen.

> »So, und die werden speziell gefördert, damit sie die deutsche Sprache lernen, weil die kriegen ja keinen Schulabschluss, den klassischen, nicht mehr hin, das ist ja auch nicht… nicht möglich, also kommen sie in Berufsorientierungskurse, sodass ihnen zunächst einmal mit ganz viel sprachlicher Unterstützung, also einerseits Sprachkurs und andererseits schon eine berufliche Perspektive eröffnet wird, sodass sie ihr Leben irgendwie auch beginnen können.« (Schulleitungsmitglied Sekundarschule C-Stadt)

In der Diskussion möglicher Optionen, hier bessere Anschlüsse herzustellen und Schulabschlüsse zu ermöglichen, werden Kommunikation mit Herkunftsschulen, Lernstandsdiagnosen, modularisierte Angebote und Nachhilfe als Möglichkeiten thematisiert. Dies setze – so ein Schulleitungsmitglied – eine Grundhaltung bei den Professionellen und der Bildungsadministration voraus,

»eben auch dieser achtungsvolle Umgang mit Globalisierung und dass Deutschland endlich anerkennt, dass woanders auch Bildung stattfindet.« (Schulleitungsmitglied Sekundarschule D-Stadt)

1.3.6 Betreuungsfunktion

Während der Corona-bedingten Schulschließungen wurde besonders deutlich, dass Schulen auch eine Betreuungsfunktion erfüllen. Betreuung als Aufgabe und Funktion von Schulen wird vor allem im Kontext von Ganztagsschulen thematisiert (z. B. Speck 2020: 1456).

Indem die Schule nicht nur Bildung bietet, sondern auch für die Erziehung und Betreuung der Schüler:innen sorgt, ermöglicht sie Eltern oder anderen Erziehungsberechtigten, anderen Aufgaben und insbesondere einer Erwerbsarbeit nachzugehen. Leitende Werte sind einerseits die Sicherheit und das Wohlergehen der Schüler:innen, aber auch Sicherung von Lebensunterhalt oder gar Wohlstand, weil die Bereitstellung der Betreuung die ökonomische Betätigung der Erziehenden ermöglichen kann. Für Schüler:innen kann die Schule, wenn sie die Betreuungsfunktion erfüllt, einen Schutzraum jenseits der Kapazitäten der Eltern bieten.

In der TraMiS-Studie wurde das Thema in Bezug auf die Zusammenarbeit mit Unterkünften für unbegleitete Minderjährige und im Kontext der Fremdbestimmung der Migration von Kindern und Jugendlichen thematisiert, die durch die Migrationsentscheidung der Eltern ihren vertrauten Rahmen und Freundschaften verlieren bzw. nur auf Distanz weiterführen können. In dieser Situation wird nicht nur bei Geflüchteten, sondern auch für Kinder hochqualifizierter Arbeitsmigrant:innen beschrieben, dass Motivationsprobleme bei der Zuwanderung auftreten und dass Jugendliche bleiben wollen, wenn die Eltern abwandern wollen. Das kann gelingen, wenn ein Kind bei Freund:innen oder Verwandten unterkommt. Als Ideal wünscht sich ein Schulleitungsmitglied des Gymnasiums in B-Stadt ein an die Regelschule angegliedertes ›Weltbürgerinternat‹, damit Schüler:innen auch ohne Erziehungsberechtigte am von ihnen bevorzugten Ort ihre Schullaufbahn beenden können.

1.4 Fazit

Die öffentliche Finanzierung von Schulen weist darauf hin, dass diese nicht nur für Schüler:innen und Eltern Funktionen erfüllen, sondern dass auch positive gesellschaftliche Wirkungen erwartet werden, wenn Schulen ihre Aufgaben erfüllen. Dass solche gesellschaftlichen Funktionen von Schule oft nur auf nationalstaatlicher Ebene gedacht werden, wird hier unter Bezugnahme auf im einschlägigen Werk von Helmut Fend formulierte Schulfunktionen gezeigt. Auf einer Kritik dieser Schulfunktionen aufbauend wird eine an heutige gesellschaftliche Bedingungen angepasste Version von Schulfunktionen vorgeschlagen, die auch die Begriffsentwicklungen der vergangenen Dekaden im Bereich der interkulturellen, migrationspädagogischen und differenzsensiblen Bildung berücksichtigt.

Bei der Diskussion dieser Schulfunktionen fällt zunächst auf, dass manifeste Funktionen, die als Ziele kodiert sind, auch heute schon nicht unbedingt auf die nationale Ebene begrenzt sind, sondern z. B. in der Europabildung und der Bildung für nachhaltige Entwicklung darüber hinaus gehen. Im Anschluss wird überlegt, wie Schule bei den Bedarfen bei Migration und Mobilität aufgestellt sein müsste, um transnational inklusiv die Bedarfe aller Schüler:innen zu erfüllen. Diese theoretischen Überlegungen beruhen z. T. auf Anregungen aus der schulischen Praxis, die im Projekt Transnationale Mobilität in Schulen (https://tramis.de/) erhoben wurden, wie exemplarisch gezeigt wurde.

Dies hat Implikationen für den Aufnahmepfad von Zugewanderten: Eine längere Deutschlernphase ohne Fachunterricht ermöglicht nicht, an vorhandene Kenntnisse anzuschließen und selbstbewusst auf einen Schulabschluss hinzuarbeiten, der auch im Fall einer Weiterwanderung nützt. Ohne Deutschkenntnisse kann aber einem rein deutschsprachigen Unterricht nicht gefolgt werden. Daraus folgt, dass vorhandene Sprachkenntnisse besser genutzt werden müssten, ob es sich um die in der Familie gesprochene Erstsprache, eine möglicherweise davon abweichende Schulsprache oder eine in der Schule erlernte Fremdsprache handelt. Förderlich wäre vor allem ein sprachsensibler Fachunterricht, in dem alle Sprachen zum Lernen genutzt werden und die dominante Unterrichtssprache parallel entwickelt werden kann.[14] Da bei einem Übergang aus einem anderen System regelmäßig Unterschiede wahrscheinlich sind, ist bei einer Aufnahme zu erwarten, dass Neue in einigen Bereichen weiter sind, in anderen Bereichen Rückstände gegenüber denjenigen haben, die das System von Anfang an besucht haben. Dies müsste individualisiert berücksichtigt werden, was eine gute Lernstandsdiagnose mit anschließender individueller Förderung nahelegt, wie sie z. B. in Schweden angestrebt wird (Linnemann 2020). Wenn darüber hinaus eine mitgebrachte Sprache anstelle einer zweiten Fremdsprache anerkannt und weiterentwickelt werden könnte, würden sowohl die Chancen auf ein Abitur in Deutschland als auch auf eine erfolgreiche Wiedereingliederung im Fall einer Rückkehr in den vorigen Sprachraum erhöht (Vogel 2021).

Um das Beispiel ukrainischer Geflüchteter aus der Einleitung aufzugreifen: Wenn gesellschaftliche Schulfunktionen transnational unter Einbezug eines möglichen späteren Lebens in der Ukraine gedacht werden, muss die Aufnahme nicht nur im Hinblick auf ein Leben in Deutschland optimiert werden. Wenn in der Anfangsphase Deutschunterricht mit umfangreichem Fachunterricht in ukrainischer Sprache kombiniert wird, der zur Not auch online angeboten wird, bleiben beide Wege offen. Bei einem Übergang in den dominant deutschsprachigen Regelunterricht wäre ein sprachsensibler Unterricht förderlich, in dem alle Sprachen zum Lernen genutzt werden können. Wenn für Ältere die ukrainische Sprache unkompliziert als zweite Fremdsprache anerkannt und für Jüngere in der Schule als Fach weiterent-

---

14 Als Anregung zur Nutzung anderer Sprachen im deutschsprachigen Fachunterricht wurde ein illustriertes Handout entwickelt. Transnationale Mobilität in Schulen https://tramis.de/wp-content/uploads/2021/02/06_Handout_Mit-allen-sprachen-lernen_fin.pdf

wickelt wird, halten und entwickeln die Zugewanderten Sprachkenntnisse für beide Systeme. Wenn es gelingt, durch eine transnational inklusive Grundausrichtung Zugewanderte und Mobile besser zu fördern und so das Leistungsniveau der Schulen insgesamt zu heben, profitieren auch diejenigen, die niemals aus dem eigenen Land oder gar aus der eigenen vertrauten Umgebung umziehen wollen. Auf diese Weise könnte den Bedürfnissen von Schüler:innen, deren Zukunft nicht zwangsläufig auf Deutschland ausgerichtet ist, da sie und ihre Familien nur einen temporären Aufenthalt in Deutschland planen oder für möglich halten, entgegengekommen werden. Individuelle Schulfunktionen transnational inklusiv zu erfüllen, würde zugleich dazu führen, dass auch gesellschaftliche Schulfunktionen nicht nur im nationalgesellschaftlichen Kontext Deutschlands, sondern transnational erfüllt werden können.

Literatur

Auernheimer, G. (2016): Einführung in die Interkulturelle Pädagogik. 8., unveränderte Aufl. Darmstadt: WBG (Einführung Erziehungswissenschaft). Online verfügbar unter http://www.content-select.com/index.php?id=bib_view&ean=9783534740918.
Brinkmann, M. (2021): Purposes of school – a phenomenological analysis via Hegel, Langeveld and Fink. Journal of Curriculum Studies 53 (3), 255–269.
Dittmer, T. (2021): Kollegien erweitern – Ein Plädoyer für mehr Berufe und Sprachen in der Schule der Migrationsgesellschaft. Universität Bremen. Fachbereich 12. Arbeitsbereich Interkulturelle Bildung. Bremen (TraMiS-Arbeitspapier, 11). Online verfügbar unter http://dx.doi.org/10.26092/elib/620.
Fachkommission Integrationsfähigkeit (2021): Gemeinsam die Einwanderungsgesellschaft gestalten. Fachkommission der Bundesregierung zu den Rahmenbedingungen der Integrationsfähigkeit. Berlin.
Fend, H. (2008): Neue Theorie der Schule. Einführung in das Verstehen von Bildungssystemen. 2. Aufl. Wiesbaden: VS Verlag für Sozialwissenschaften / GWV Fachverlage GmbH Wiesbaden. Online verfügbar unter http://dx.doi.org/10.1007/978-3-531-91788-7.
Fend, H. (2019): Die Schulpädagogik auf dem Weg zur Wissenschaft – Rückblick und Zukunftsperspektiven. In: M. Harring, C. Rohlfs & M. Gläser-Zikuda (Hrsg.), Handbuch Schulpädagogik (S. 923–939). Münster, New York: Waxmann (UTB Schulpädagogik, 8698).
Foroutan, N. & Ikiz, D. (2016): Migrationsgesellschaft. In: P. Mecheril (Hrsg.), Handbuch Migrationspädagogik. Unter Mitarbeit von Veronika Kourabas und Matthias Rangger (S. 138–151). Weinheim, Basel: Beltz (Pädagogik).
Georgi, V. B. & Keküllüoğlu, F. (2018): Integration – Inklusion. In: I. Gogolin, V. B. Georgi, M. Krüger-Potratz, D. Lengyel & U. Sandfuchs (Hrsg.), Handbuch Interkulturelle Pädagogik (S. 41–45). Bad Heilbrunn: Verlag Julius Klinkhardt (UTB Pädagogik, 8697).
Gogolin, I. & Pries, L. (2004): Stichwort: Transmigration und Bildung. Zeitschrift für Erziehungswissenschaft 7 (1), 5–19.
Karakaşoğlu, Y. & Mecheril, P. (2019): Pädagogisches Können. Grundsätzliche Überlegungen zu Lehrer*innenbildung in der Migrationsgesellschaft. In: D. Cerny und M. Oberlechner (Hrsg.), Schule – Gesellschaft – Migration. Beiträge zur diskursiven Aushandlung des schulischen Lern- und Bildungsraums aus theoretischer, empirischer, curricularer und didaktischer Perspektive (S. 17–32). Opladen, Berlin, Toronto: Verlag Barbara Budrich.
Karakaşoğlu, Y. & Vogel, D. (2019): Transnationale Mobilität als Transformationsanlass für Schulen – ein professionskritischer Beitrag aus der interkulturellen Bildung. In: G. Lang-

Wojtasik (Hrsg.), Bildung für eine Welt in Transformation. Global Citizenship Education als Chance für die Weltgesellschaft (S. 89–105). Leverkusen: Verlag Barbara Budrich.

Karakaşoğlu, Y. & Vogel, D. (2020): Transnationale Mobilität als Herausforderung einer Theorie der (deutschen) Schule. Theoretische Überlegungen zu institutionellen Wandlungsnotwendigkeiten. Universität Bremen. Fachbereich 12. Arbeitsbereich Interkulturelle Bildung. Bremen (TraMiS-Arbeitspapier, 7). Online verfügbar unter https://tramis.de/wp-content/uploads/2020/10/Karakasoglu_Vogel_2020_Transnationale-Mobilit%C3%A4t-als-Herausforderung-einer-Theorie-der-deutschen-Schule_fin.pdf.

Karakayali, J., Zur Nieden, B., Kahveci, Ç. & Heller, M. (2017): Die Kontinuität der Separation. Vorbereitungsklassen für neu zugewanderte Kinder und Jugendliche im Kontext historischer Formen separierter Beschulung. DDS – Die Deutsche Schule 109, 223–235.

Lang-Wojtasik, G. (2009): Schultheorie in der globalisierten Welt. In: S. Blömeke, T. Bohl, L. Haag, G. Lang-Wojtasik & W. Sacher (Hrsg.), Handbuch Schule. Theorie – Organisation – Entwicklung (S. 33–41). Bad Heilbrunn: UTB/BRO; Klinkhardt, Julius (UTB L (Large-Format), 8392).

Leiprecht, R. (2004): Kultur – was ist das eigentlich? Universität Oldenburg. Interdisziplinäres Zentrum für Bildung und Kommunikation in Migrationsprozessen. Oldenburg (IBKM-Arbeitspapiere, 7).

Linnemann, M. (2020): Fachkompetenzen und Unterrichtssprache parallel entwickeln. Impulse aus Schweden für den Umgang mit neuzugewanderten Schüler*innen. Universität Bremen. Fachbereich 12. Arbeitsbereich Interkulturelle Bildung. Bremen (TraMiS-Arbeitspapier, 6). Online verfügbar unter https://tramis.de/wp-content/uploads/2020/05/Linnemann_2020_Fachkompetenzen-und-Unterrichtssprache-parallel-entwickeln.pdf.

Prengel, A. (2007): Diversity Education – Grundlagen und Probleme der Pädagogik der Vielfalt. In: G. Krell, B. Riedmüller, B. Sieben & D. Vinz (Hrsg.), Diversity Studies. Grundlagen und disziplinäre Ansätze (S. 49–68). Frankfurt am Main: Campus Verlag GmbH (Sozialwissenschaften 2001–2008).

Schmidt, M. G. (1995): Wörterbuch zur Politik. Stuttgart: Kröner (Kröners Taschenausgabe, Bd 404). Online verfügbar unter http://www.bsz-bw.de/depot/media/3400000/3421000/34213 08/95_0449.html.

Schroeder, J. & Seukwa, L. H. (2018): (Dis-)Kontinuitäten im Übergang. In: N. von Dewitz, H. Terhart & Mona Massumi (Hrsg.), Neuzuwanderung und Bildung. Eine interdisziplinäre Perspektive auf Übergänge in das deutsche Bildungssystem (S. 141–157). Weinheim: Beltz Juventa.

Speck, K. (2020): Multiprofessionelle Kooperation in der Ganztagsbildung. In: P. Bollweg, J. Buchna, T. Coelen & H.-U. Otto (Hrsg.), Handbuch Ganztagsbildung. 2. Aufl. (S. 1453–1465). Wiesbaden: Springer.

SWK (2022): Unterstützung geflüchteter Kinder und Jugendlicher aus der Ukraine durch rasche Integration in Kitas und Schulen. Stellungnahme der Ständigen Wissenschaftlichen Kommission der Kultusministerkonferenz (SWK). Kultusministerkonferenz. Online verfügbar unter https://www.kmk.org/fileadmin/Dateien/pdf/KMK/SWK/2022/SWK-Stellungnahme_Ukraine.pdf.

TraMiS (2021): Erwartungen. Ein Comic zu stereotypen Vorstellungen über geflüchtete Jugendliche. Universität Bremen. Arbeitsbereich Interkulturelle Bildung. Projekt Transnationale Mobilität in Schulen (TraMiS) (Impulse für schulischen Wandel). Online verfügbar unter https://tramis.de/wp-content/uploads/2021/02/07_Comic_Erwartungen_fin.pdf.

UNESCO (2009): Policy Guidelines on Inclusion in Education. Paris.

Vogel, D. (2021): Drei Sprachen sind genug fürs Abitur! Ein Reformvorschlag für den Abbau der Diskriminierung von mehrsprachig Aufgewachsenen bei Schulabschlüssen. In: Rat für Migration (Hrsg.), Drei Sprachen sind genug fürs Abitur! Ein Reformvorschlag für den Abbau der Diskriminierung von mehrsprachig Aufgewachsenen bei Schulabschlüssen. RfM-Debatte 2020. Unter Mitarbeit von Redaktion Norbert Cyrus und Linda Supik (S. 7–15). Berlin (RfM-Debatte). Online verfügbar unter https://rat-fuer-migration.de/wp-content/uploads/2020/07/rfm-debatte-2020.-drei-sprachen-sind-genug-fuers-abitur.-initialbeitrag-von-dr.-dita-vogel-2.pdf, zuletzt aufgerufen am 29.01.2021.

Vogel, D. & Dittmer, T. (2019): Migration von Kindern und Jugendlichen in der Geschichte der Bundesrepublik Deutschland. Hinweise auf transnationale Mobilität. Universität Bremen. Fachbereich 12. Arbeitsbereich Interkulturelle Bildung. Bremen (TraMiS-Arbeitspapier, 1). Online verfügbar unter http://nbn-resolving.de/urn:nbn:de:gbv:46-00107125-12.

Vogel, D. & Dittmer, T. (2020): Es geht auch anders. Wie Schulen in Schweden, den USA und Kanada mit Migration und Vielfalt umgehen. Eine Expertise für den Mediendienst Integration. Hrsg. v. Mediendienst Integration. Berlin. Online verfügbar unter https://mediendienst-integration.de/fileadmin/Dateien/Expertise_Vielfalt_Bildung_MDI.pdf.

Wenning, N. (1999): Vereinheitlichung und Differenzierung. Zu den »wirklichen« gesellschaftlichen Funktionen des Bildungswesens im Umgang mit Gleichheit und Verschiedenheit. Opladen: Leske + Budrich.

Wiater, W. (2009): Zur Definition und Abgrenzung von Aufgaben und Funktionen der Schule. In: S. Blömeke, T. Bohl, L. Haag, G. Lang-Wojtasik & W. Sacher (Hrsg.), Handbuch Schule (S. 65–72). Bad Heilbrunn: Verlag Julius Klinkhardt.

2 Lehrpläne für die Schule der Migrationsgesellschaft

Hans Vorländer & Ender Yilmazel

Einleitung

Lehrpläne besitzen eine Legitimations- und Rahmenfunktion für die schulische Praxis. Sie sind administratives Lenkungsinstrument und bilden eine Blaupause für die schulische Bildung. Was in Lehrplänen verankert ist, muss gelehrt werden. Für ein Einwanderungsland ist die Frage, wie Migration und Integration in den Lehrplänen der Schulen verhandelt werden, deshalb von herausragender Bedeutung.

Das Forschungszentrum Mercator Forum Migration und Demokratie (MIDEM) hat 2020/2021 im Auftrag der Beauftragten der Bundesregierung für Migration, Flüchtlinge und Integration eine Studie durchgeführt, die sich erstmals den zentralen Fragen von Migration und Integration in den Lehrplänen der deutschen Bundesländer widmete.

- Wie oft und in welchen Kontexten werden Migration und Integration in Lehrplänen thematisiert?
- Wie ist die Lehrplanentwicklung organisiert?
- Welche Chancen und Herausforderungen bestehen beim Transfer von Lehrplänen in die Unterrichtspraxis?

Im Rahmen der »Lehrplanstudie Migration und Integration« (Vorländer/Angeli/Yilmazel/Barp 2021) wurden exemplarisch die Lehrpläne[1] der Länder Bayern, Berlin, Brandenburg, Nordrhein-Westfalen und Sachsen aus Gymnasium, Real-/Ober- und Gesamtschule der Klassenstufen 7–10 in den Fächern Geographie, Geschichte und Politik analysiert.[2] Zusätzlich wurden 23 leitfadengestützte Interviews geführt – mit 13 Lehrkräften, 5 Personen aus Schulentwicklungsinstituten bzw. Landesbe-

---

1 Die Curricula auf Landesebene werden nicht in allen Bundesländern als Lehrpläne bezeichnet. In Berlin und Brandenburg heißen sie Rahmenlehrpläne und in Nordrhein-Westfalen Kernlehrpläne. Vereinfachend wird im Folgenden nur von Lehrplänen gesprochen.
2 Die Fächer lauten für die Länder unterschiedlich: Berlin/Brandenburg: Geschichte, Geografie, Politische Bildung; NRW: Erdkunde, Geschichte und am Gymnasium Wirtschaft-Politik bzw. an der Realschule Politik; Bayern: Geographie, Geschichte, Sozialkunde/Politik und Gesellschaft; Sachsen: Geschichte, Geographie; Gemeinschaftskunde/Rechtserziehung/Wirtschaft (GRW) bzw. an der Oberschule Gemeinschaftskunde/Rechterziehung. Vereinfachend wird in diesem Artikel von Geschichte, Geographie und Politik gesprochen.

hörden der untersuchten Bundesländer sowie mit 7 Akteur:innen aus der Lehrkräftefortbildung.

Im Folgenden werden die zentralen Ergebnisse und Schlussfolgerungen dargestellt und diskutiert. Vorgestellt werden auch die aus der Studie resultierenden Empfehlungen.[3]

2.1 Design und Methode der Lehrplanstudie Migration und Integration

Ziel der Studie war es, einen Überblick über deutsche Lehrpläne zum Thema Migration und Integration zu erhalten. Forschungspragmatisch konnten nicht alle Lehrpläne aller Bundesländer, Schulformen, Klassenstufen und Schulfächer untersucht werden. Theoretisch angeleitete Überlegungen für eine kontrastive Fallauswahl haben dennoch allgemeinere Aussagen ermöglicht. Die konkrete Fallauswahl der Studie ergab sich zwar auch aus der Auftragslage, zugleich sprachen aber auch systematische Punkte für die Fallauswahl. So folgte die Auswahl des Samples dem Prinzip maximal kontrastiver Vergleiche (vgl. Glaser/Strauß 1967: 56ff) entlang der Dimensionen geographische Verteilung, historisch-politische Prägung und Demographie. Mit Bayern und Nordrhein-Westfalen sowie mit Brandenburg und Sachsen sind die geographisch und demographisch bedeutendsten Bundesländer aus West- und Ostdeutschland in das Sample aufgenommen worden. In Bayern und Nordrhein-Westfalen gibt es zudem schon langjährige Migrationserfahrungen, während Brandenburg und Sachsen erst in den letzten Jahren stärker von Migration geprägt sind. Berücksichtigt wurden auch die politisch-historische Prägung und die parteipolitischen Regierungskonstellationen in den Bundesländern. Berlin ist der einzige Stadtstaat des Samples. Da Berlin und Brandenburg gemeinsame Lehrpläne haben,[4]

---

[3] An der Studie mitgewirkt haben Hans Vorländer, Oliviero Angeli, Ender Yilmazel und Francesca Barp. Die »Lehrplanstudie Migration und Integration« wurde zuerst am 23.03. 2021, im Rahmen des zweiten Bildungsdialogs der Bundesregierung mit der Beauftragten der Bundesregierung für Migration, Flüchtlinge und Integration, Staatsministerin Annette Widmann-Mauz, und der Bundesministerin für Bildung und Forschung, Anja Karliczek, vorgestellt – sodann auch am 21.04.2021 in einer öffentlichen Diskussionsveranstaltung, an der u. a. Staatsministerin Annette Widmann-Mauz und die Ministerin für Bildung, Jugend und Sport des Landes Brandenburg und Präsidentin der Kultusministerkonferenz, Britta Ernst, teilnahmen. Die vollständige Studie ist erhältlich unter: https://www.integrationsbeauftragte.de/resource/blob/1872554/1880068/ce14c357416b8c410d5df58050a52c3d/lehrplanstudie-data.pdf?download=1. In Folgendem wird fortlaufend, z.T. auch mit identischem Wortlaut, auf die Studie Bezug genommen.

[4] Seit 2007 bilden die Bundesländer Berlin und Brandenburg eine Bildungsregion. Mit dem LISUM (Landesinstitut für Schule und Medien Berlin-Brandenburg) bündeln sie Ressourcen und wichtige Bereiche der Bildungspolitik werden zwischen den Bundesländern abgestimmt. Seit dem Schuljahr 2017/2018 gibt es für die Klassenstufen 1–10 gemeinsame Lehrpläne.

konnte hier zugleich ein Sonderfall berücksichtigt werden. Analog zur »Schulbuchstudie Migration und Integration« (Niehaus/Hoppe/Otto/Georgi 2015) erfolgte somit eine Auswahl von Bundesländern, die mehrdimensionale und kontrastive Vergleiche zulässt.

Die Untersuchung der Lehrpläne fokussierte die Klassenstufen 7–10, da mit der Klassenstufe 7 in allen Bundesländern die weiterführende Schule beginnt bzw. bereits begonnen hat und nach Klassenstufe 10 die allgemeine Schulpflicht endet. Der bisherige Forschungsstand zu Lehrplänen und Schulbüchern zeigte eine Beschäftigung mit den Themen Migration und Integration vor allem in den Fächern Geographie, Geschichte und Politik der weiterführenden Schulen. Dies war der Grund dafür, dass die Lehrpläne dieser Fächer zur Untersuchung herangezogen wurden. Analysiert wurden alle Lehrpläne, die zwischen 2015 und 2020 in Kraft waren. Da Realschulen[5] und Gymnasien die Schulformen mit dem größten Anteil an Schüler:innen sind, konzentrierte sich die Lehrplanstudie auf die Lehrpläne dieser Schulformen. Begleitet wurde die Lehrplanuntersuchung durch die Analyse der entsprechenden Landesschulgesetze und der einschlägigen Beschlüsse der Kultusministerkonferenz (KMK).

Um die große Datenmenge aufzubrechen und handhabbar zu machen, also einen Überblick zu gewinnen, wurden in einem ersten Schritt die Lehrpläne anhand eines Wortfeldes der Thematik Migration und Integration untersucht. Das Wortfeld konstituiert sich aus den zentralen, in der einschlägigen Forschungsliteratur diskutierten Begriffe. Diese lauten: Migration, Migrant/Migrantin, (Ein-)Wanderung, Flucht, Asyl, Integration, Verschiedenheit, Diversität/Diversity, Vielfalt, interkulturell, Zugehörigkeit, Anerkennung, Akzeptanz, Anpassung, Assimilation, Kultur, Werte, Identität, Solidarität, Diskriminierung, Menschenfeindlichkeit, Rassismus, Terror, Extremismus, Toleranz, fremd, eigen, Gruppen. Die Suchergebnisse wurden bereinigt, sodass nur sinnvolle Verknüpfungen mit dem Themenfeld in die Zählung der Begriffe aufgenommen wurden. Begriffe wie ›Zeitrich*twerte*‹, ›West*integration* unter Adenauer‹, ›Lern*kultur*‹, ›*Gruppen*arbeit‹ oder ›be*werten*‹ wurden so z. B. aus der Zählung genommen. Anschließend wurden die Lehrpläne auf die Häufigkeit der Begriffsnennungen hin untersucht. Somit konnten begriffliche Schwerpunktsetzungen der Lehrpläne im Vergleich der Bundesländer kenntlich gemacht werden. Außerdem gab die Häufigkeitsanalyse Einblicke in die landesinterne begriffliche Schwerpunktsetzung im Vergleich der drei untersuchten Fächer.

In einem zweiten Schritt wurde eine Inhaltsanalyse vorgenommen. Damit war es möglich, weitere zentrale Begriffe in den Lehrplänen zu identifizieren, die mit Migration und Integration in Zusammenhang stehen. Außerdem konnte so dem Kontext der Thematisierung von Migration und Integration sowohl in den einzelnen Fächern als auch in einzelnen Klassenstufen nachgegangen werden.

Neben der Analyse der Lehrpläne gaben die 23 geführten Interviews Aufschluss über die Lehrplanentwicklungsprozesse und über den Transfer der Lehrplaninhalte in den Unterricht.

---

5 Der Begriff Realschule bezeichnet in dieser Studie nicht nur die Realschule in NRW und Bayern, sondern auch die Oberschule in Sachsen und Brandenburg sowie die integrierten Sekundarschulen (Oberschulen und Gesamtschulen) und Gemeinschaftsschulen in Berlin.

2.2 Lehrplanentwicklung

Die Entwicklung des Lehrplans selbst zeigt Akteuren und Prozesse auf und lässt Rückschlüsse auf Defizite zu, sodass auch Empfehlungen zu seiner Optimierung möglich werden. So erfolgte die Rekonstruktion der Lehrplanentwicklungsprozesse anhand der Interviews mit Personen aus den Schulentwicklungsinstituten und Landesbehörden der fünf untersuchten Bundesländer. Zwar gibt es keine länderübergreifenden einheitlichen Verfahren der Lehrplanentwicklung, dennoch lassen sich Gemeinsamkeiten der untersuchten Länder ausmachen und als vierstufiger Prozess idealtypisch nachbilden (▶ Abb. 2.1). Demnach beginnt der Entwicklungsprozess in allen Ländern mit einem Auftrag seitens der Kultusministerien, die Lehrpläne zu überarbeiten bzw. anzupassen. Die Landesbehörden organisieren und koordinieren die konkreten Abläufe. Eine zentrale Aufgabe besteht in der Besetzung und Anleitung der Lehrplankommissionen, die sich überwiegend aus Fachlehrkräften zusammensetzen. Die durch die Lehrplankommission entwickelten Lehrplanentwürfe durchlaufen Feedbackschleifen mit den Verantwortlichen in den Ministerien und in den Landesbehörden. Solche Feedbackschleifen können gewährleisten, dass neben neuen KMK-Beschlüssen auch weiteren Perspektiven und Positionen von Verbänden oder aus der Wissenschaft einbezogen werden. Auf diese Weise könnte sichergestellt werden, dass die Lehrpläne möglichst aktuelle wissenschaftliche Erkenntnisse und Diskurse abbilden. Nach mehrfacher Prüfung werden die überarbeiteten Lehrpläne durch die jeweiligen Kultusministerien freigegeben.

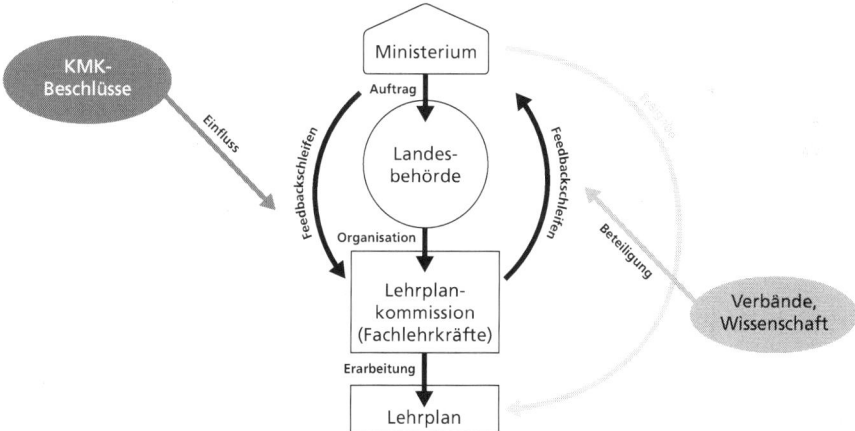

Abb. 2.1: Idealtypische Lehrplanentwicklung, Lehrplanstudie Migration und Integration (Vorländer/Angeli/Yilmazel/Barp 2021: 36)

Neben den Unterschieden im konkreten Lehrplanentwicklungsprozess[6] zeigt sich mit Blick auf die Themen von Migration und Integration, dass bei der Zusammensetzung der Lehrplankommission zumeist nicht auf die Einbindung wissenschaftlichen Personals und migrantischer Expertise geachtet wird. Die Diversifizierung der Perspektiven wird lediglich durch zusätzliche Verfahren bei oder neben der Lehrplanentwicklung, etwa durch Anhörungen von Expert:innen und Stakeholdern oder durch Evaluationen, zu erzielen versucht. Im Kern obliegt der Entwicklungsprozess somit den drei zentralen Akteuren aus Kultusministerium, Landesbehörde und Lehrplankommission. Eine darüber hinausgehende, verstetigte oder institutionalisierte Einbeziehung von Perspektiven der erziehungswissenschaftlichen Migrationsforschung und -pädagogik scheint indes mit den engen zeitlichen Restriktionen zu kollidieren, unter denen Lehrplanentwicklungsprozesse stehen. Angesichts dieses Entstehungskontexts der Lehrpläne ist es wenig überraschend, dass sich die migrationsgesellschaftlichen Realitäten Deutschlands nicht stärker in den Lehrplänen widerspiegeln.

2.3 Ergebnisse der Lehrplananalyse

Die Lehrplananalyse zeigt zwei zentrale, übergreifende Ergebnisse. Spezifika liegen in den einzelnen Schulfächern und in den Unterschieden zwischen den Bundesländern.

2.3.1 Die Realität Deutschlands als Einwanderungsgesellschaft spiegelt sich nicht systematisch in den Lehrplänen wider

Zwar zeigen viele der untersuchten Lehrpläne historische Konstellationen sowie globale Verflechtungen des Migrationsgeschehens auf und thematisieren fallweise einzelne Migrationsbewegungen, doch Deutschland als Einwanderungsland oder Migrationsgesellschaft wird als solches nicht systematisch in den Lehrplänen behandelt. Weder die historischen Entwicklungen noch die politisch-kulturellen Herausforderungen werden in den Lehrplänen für den Unterricht vorgesehen. Wenn das Paradigma von Deutschland als Einwanderungsgesellschaft (Foroutan/Ikiz 2016: 138 ff) ernstgenommen würde, wären zahlreiche Migrationsbewegungen nach Deutschland zu berücksichtigen, vor allem die Vertriebenenbewegungen nach dem 2. Weltkrieg, die innerdeutschen Fluchtbewegungen von der DDR in die Bundesrepublik, die Anwerbung von ›Gastarbeiter:innen‹ bzw. ›Vertragsarbeiter:innen‹, die Einwanderung von ›Spätaussiedler:innen‹ aus Osteuropa und Russland

---

6 Diese Unterschiede finden sich nicht nur zwischen den Ländern, sondern auch innerhalb einzelner Länder, da die Verfahrenswege überwiegend nicht festgelegt sind.

sowie die Fluchtmigrationen aus dem Balkangebiet, die Personenfreizügigkeit innerhalb der Europäischen Union und schließlich die jüngsten Fluchtbewegungen nach Deutschland. In einem Wahlpflichtthema der zehnten Klasse des bayerischen Geschichtslehrplans geschieht dies noch am ausführlichsten: »Migration in Bayern: z. B. Migrationsbewegungen verschiedener Gruppen im historischen Kontext (z. B. Flüchtlinge und Vertriebene, ›Gastarbeiter‹; Russlanddeutsche; Asylsuchende), Erfolge und Probleme der Integration in verschiedenen Bereichen« (BY_Gym_Ges_10_2004: 2). Dafür sind indes wiederum nur drei Unterrichtsstunden vorgesehen. Die Thematisierung »Deutschland[s] als Einwanderungsland« (BY_RS_Ges_10_2022: 7) ist einzig im bayerischen Geschichtslehrplan der Realschule in der zehnten Klasse vorgesehen, der mit dem Schuljahr 2022/2023 in Kraft tritt.

2.3.2 Migrations- und Integrationsphänomene werden überwiegend mit krisenhaften Entwicklungen verknüpft

Der exklusive Fokus auf Krisenszenarien und -narrativen verstellt den Blick für Normalität und Alltäglichkeit des gesellschaftlichen Migrations- und Integrationsgeschehens. Die Krisennarrative variieren je nach Fachkontext. In den Geographielehrplänen der Untersuchungsländer wird Migration in allen Ländern besonders häufig im Zusammenhang mit Verstädterung, globalen Disparitäten und Bevölkerungswachstum thematisiert. So soll beispielsweise über Ursachen und Folgen von Migrationsbewegungen sowie über spezifische Migrationskonstellationen wie Süd-Süd-Migrationen, Binnenmigration und Landflucht gelehrt werden. Im Fach Geschichte wird Migration in den untersuchten Ländern vor allem dann thematisiert, wenn es um Vertreibung und Krieg geht, um Kolonialismus sowie den Prozess der europäischen Integration. In allen Ländern geht es im Geschichtslehrplan überwiegend dann um Migration und Zwangsmigration, wenn europäische ›Entdeckungsreisen‹ und europäischer Kolonialismus thematisiert werden.

2.3.3 Lehrpläne gewichten die Themen Migration und Integration je nach Land und Fach unterschiedlich

Die inhaltliche Analyse der Lehrpläne zeigt, dass in den drei untersuchten Fächern in jedem Bundesland zwischen der siebten und der zehnten Klasse Migration, migrationsbedingte Vielfalt oder Integration in verschiedener Hinsicht ein Thema in den Lehrplänen ist – allerdings in sehr unterschiedlichem Umfang und an vielen Stellen auch nicht explizit. Die Lehrpläne der einzelnen Fächer haben unterschiedliche Schwerpunkte, in denen dazu angeregt wird, über Migration, Integration oder migrationsbedingte Vielfalt zu unterrichten. Über thematische Verknüpfungen lassen sich auf diese Weise migrations- und integrationsspezifische Lehrpotenziale erschließen (▶ Abb. 2.2).

Die *Geographielehrpläne* thematisieren Migration in allen Ländern besonders häufig im Zusammenhang mit Globalisierung, Digitalisierung, Urbanisierung, globaler sozialer Ungleichheit und demographischen Entwicklungen. Das Fach *Geschichte* thematisiert Migration vor allem dann, wenn es um Zwangsmigration geht. In allen Ländern wird eine spezifische Thematisierung im Zusammenhang mit den Themen ›europäische Entdeckungsreisen‹ und europäischer Kolonialismus eröffnet. Rassismus und Antisemitismus werden vor allem in Zusammenhang mit Nationalsozialismus und der NS-Herrschaft behandelt und damit nicht auf die Gegenwart bezogen. Im Fach *Politik* geht es im Zusammenhang mit Migration und Integration häufig um Identitätsbildung, Rassismus, gruppenbezogene Menschenfeindlichkeit sowie die Menschenrechte und Europa. Alle Lehrpläne verknüpfen Europa, den Prozess der europäischen Einigung oder Europa als identitätsstiftenden Bezugsrahmen mit Migrationsphänomenen.

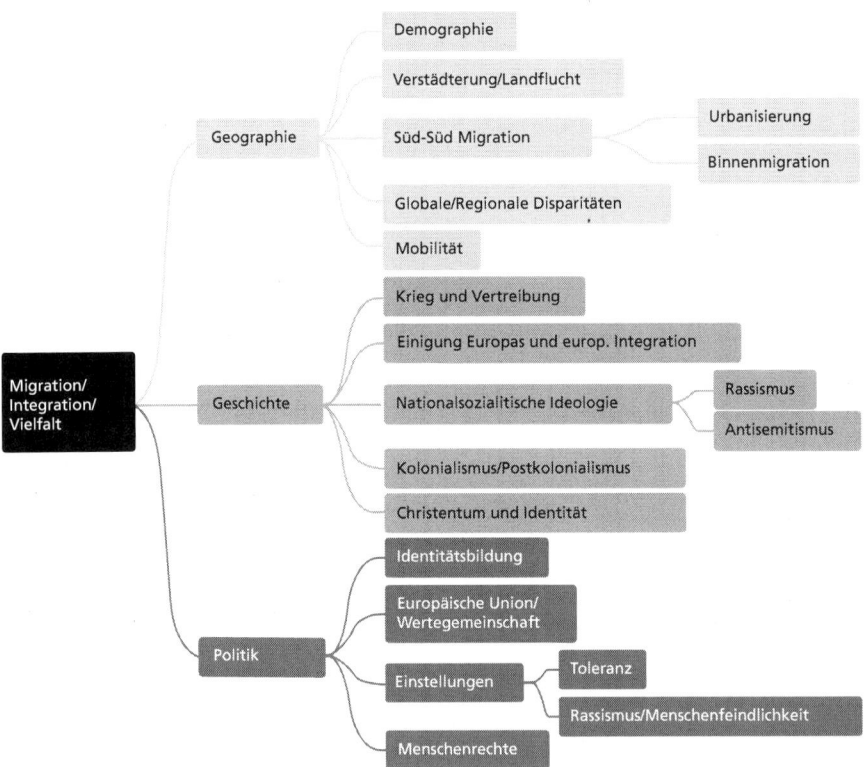

Abb. 2.2: Verknüpfung der Themen Migration und Integration in Lehrplänen, Lehrplanstudie Migration und Integration (Vorländer/Angeli/Yilmazel/Barp 2021: 70)

Mit Blick auf die Länder zeigen sich die Unterschiede wie folgt:[7]

---

7 Für die Länder Berlin und Brandenburg sowie Nordrhein-Westfalen kann zusätzlich eine weitere Schwerpunktsetzung durch schulinterne Curricula (BE&BB) bzw. schulinterne

2.3 Ergebnisse der Lehrplananalyse

Für *Bayern* fällt auf, dass dem Begriff Heimat ein besonderer Stellenwert zukommt. Zugleich werden auch unterschiedliche Personengruppen benannt. So ist von ›DDR-Flüchtlingen‹, ›Asylbewerbern‹, ›Heimatvertriebenen‹, ›Migranten‹, ›Spätaussiedlern‹, ›Gastarbeitern‹ und ›Klimaflüchtlingen‹ die Rede. Mit dem Bezug auf die Klimaproblematik zeigt die neueste Lehrplangeneration in Bayern auch einen Aktualitätsbezug, der in anderen Lehrplänen fehlt. Die Häufigkeitsanalyse hat gezeigt, dass die Nennung von migrationsbezogenen Begriffen in den bayerischen Politiklehrplänen verschwindend gering im Vergleich zu den Fächern Geschichte und Geografie ausfällt. Dies lässt sich dadurch erklären, dass das Fach Politik in Bayern (außerhalb von Schulen mit sozialwissenschaftlichem Profil) in Gymnasium und Realschule nur in der 10. Klassenstufe gelehrt wird und die Lehrpläne entsprechend kurz ausfallen.[8]

In *Berlin und Brandenburg* wird in der gemeinsamen Gestaltung der Lehrpläne die »Akzeptanz von Vielfalt (Diversität)« betont. Die Begriffsnennung von Kultur und Migration gleicht den Befunden aus den bayerischen Lehrplänen. Im Unterschied zu Bayern geht es in den Lehrplänen der Länder Berlin und Brandenburg im Fach Politik mehr als in den anderen beiden Fächern um die Migrationsthematik. Die Politiklehrpläne aus Berlin und Brandenburg sind auch die einzigen im Sample, welche das Themenfeld »hybride Identitäten« (BE/BB_PB_2017: 26) explizit im Zusammenhang mit Migration aufführen. Gemäß den Rahmenlehrplänen, wie die Lehrpläne auf Landesebene in Berlin und Brandenburg heißen, wird das Thema »Migration und Bevölkerung« als Modul im gesellschaftswissenschaftlichen Fächerverbund (Politik/Geschichte/Geografie) in den Klassenstufen 7 und 8 neben dem Thema »Armut und Reichtum« (BE/BB_Ges_2017: 21) angeboten. In Berlin und Brandenburg erhalten die Themen der Rahmenlehrpläne erst durch die schulinternen Curricula, mit denen die thematischen Schwerpunktsetzungen der Schulen vorgenommen werden, ihre für die Praxis relevante Gültigkeit. Dies führt zu einer Situation, in der in einigen Schulen die Themen um Migration kaum behandelt werden, während in anderen Schulen, in denen derselbe Rahmenlehrplan gilt, das Fach »Interkulturelle Kompetenzen«[9] auf dem Stundenplan steht. Das besonders weite Spektrum der konkreten Lehrpraxis kann mit Blick auf zentrale Abschlussprüfungen kritisch gesehen werden.

Die Lehrpläne in *Nordrhein-Westfalen* zeichnen sich durch die Schwerpunktsetzung auf den Begriff der Identität aus. Der Fokus auf Identität findet sich zwar besonders im Fach Politik, aber auch in Geschichte wird sich am Identitätsbegriff orientiert, der offensichtlich unterschiedliche Deutungen und Vorstellungen von

---

Lehrpläne (NRW) erfolgen. Damit unterscheidet sich, mehr noch als in Bayern und Sachsen, der Unterrichtsrahmen innerhalb der einzelnen Länder zwischen den jeweiligen Schulen.

8 Damit ist Bayern weit entfernt von den Empfehlungen für die Stundentafel, die sich nach Wehling aus dem *Beutelsbacher Konsens* ergeben (vgl. Wehling 2016 [1977]: 24).
9 Ausweislich von Interviews gehörten zu den Unterrichtsinhalten Themen wie subjektive Heimat, Tod und Religion bis hin zum Basteln eines Adventskranzes für das Altenheim. Eine Schule beschreibt den Zweck des Erlernens ›Interkultureller Kompetenz‹ als Grundlage für ein verständnisvolles Zusammenleben und einen wertschätzenden Umgang mit unterschiedlichen kulturellen Aspekten.

historischen Ereignissen, Prozessen und Bildern adressiert. So heißt es etwa, dass das Geschichtsbewusstsein dann als reflektiert zu bezeichnen ist, »wenn Schülerinnen und Schüler sich des Konstruktionscharakters von Geschichte, ihrer Standortgebundenheit und Perspektivität bewusst sind. Geschichtsbewusstsein verlangt von ihnen, eigene Deutungsmuster zu überprüfen und ggf. zu verändern, und steht somit gegen verfestigte Geschichtsbilder und ›Identitätslosigkeit‹. Es leitet zu einem aktiven demokratischen Umgang mit konkurrierenden Identitäten an« (NW_Gym_Ges_2019: 8). Es fällt jedoch auf, dass der Begriff Migration in der aktuellen Lehrplangeneration des Fachs Geschichte nicht genannt wird. Mit Blick auf alle drei Fächer in den Lehrplänen aus NRW lässt sich ein Fokus auf wirtschaftsnahe Themen ausmachen. Migrationsprozesse werden hingegen im Kontext von Globalisierung und Digitalisierung aufgeführt. Hierbei tritt der Begriff der Mobilität neben den der Migration. Die Begriffe Integration, Zugehörigkeit, Vielfalt, aber auch Rassismus, Diskriminierung, Solidarität und Asyl bleiben unerwähnt.

Einen Grundpfeiler der *sächsischen* Lehrpläne bildet neben dem Wissenserwerb und der Kompetenzentwicklung die Werteorientierung. Für die Lehrplangestaltung bedeutet dies, dass zum Abschluss eines jeden Themenfeldes ein Wertebezug hergestellt werden soll. Damit einher geht die auffällige Häufung des Begriffs Werte in den Lehrplänen des Freistaats Sachsen (insbesondere im Geschichts- und Gemeinschaftskundeunterricht). In der Reihe der häufigsten Begriffe taucht der Wertebegriff vor Kultur, Toleranz und Vielfalt auf. Die Themen Toleranz und Vielfalt folgen sodann; die Themen Migration, (Ein-)Wanderung und Integration werden an vielen Stellen der Lehrpläne behandelt. Menschenfeindlichkeit, Rassismus und Extremismus werden im Kontext von Integrationsthematiken explizit benannt. Besonders auffällig ist die häufige Nennung des Begriffs Heimat in den Lehrplänen (Geschichte und Geographie) der Oberschule.

Neben diesen Unterschieden gibt es länderübergreifende Gemeinsamkeiten. So nimmt der Begriff Kultur[10] in den Lehrplänen aller untersuchten Bundesländer eine zentrale Stellung ein. Der Blick auf die häufigsten Wortkombinationen und Kontextwörter zeigt den klaren Bezug zur Migrations- und Integrationsthematik und dies besonders in Form der Begriffsvariationen des Interkulturbegriffs. Eine Erklärung für die Prominenz des Interkulturbegriffs lässt sich wiederum durch die KMK-Beschlüsse zur interkulturellen Bildung (KMK 2013) erklären. Der Beschluss der Kultusministerkonferenz »Interkulturelle Bildung und Erziehung in der Schule« von 1996 und seine Aktualisierung im Jahr 2013 wurden gefasst vor »dem Hintergrund einer durch Globalisierung, Migration, das Zusammenwachsen Europas, Fluchtbewegungen etc. bewirkten kulturellen Pluralisierung unserer Gesellschaft einerseits und der ausländerfeindlichen Ausschreitungen Anfang der 90er Jahre andererseits« (KMK 2013: 2). Hier wird interkulturelle Bildung als »Querschnittsaufgabe von Schulen« (vgl. ebd.) definiert und als Orientierungsrahmen festgelegt.

Auffallend ist aber im Unterschied zum Kulturbegriff die überwiegende Abwesenheit der Thematisierung von Diskriminierungs- und Rassismusproblematiken in den Lehrplänen – und dies, obwohl die schon angeführten KMK-Beschlüsse sich

---

10 Vgl. Vorländer/Angeli/Yilmazel/Barp 2021: 17 ff zu zentralen Gesichtspunkten der Migrationspädagogik (etwa dem Kulturbegriff).

explizit gegen »jede [...] Form von Diskriminierung« (KMK 2013: 7) aussprechen. Vor dem Hintergrund, dass die Länder in ihren Berichten zur Umsetzung des KMK-Beschlusses zur interkulturellen Bildung dargelegt haben, welche diesbezüglichen Maßnahmen ergriffen wurden (vgl. KMK 2017; Vorländer/Angeli/Yilmazel/Barp 2021: 32 ff), bleibt die Aussparung dieser Thematik in den Lehrplänen bemerkenswert.

2.4 Schulische Praxis im Spiegel von Interviews

Lehrpläne gelten in der Praxis als richtungsweisend für die Lehre und bieten zugleich Freiräume für die Unterrichtsgestaltung, indem nur grobe Ziele benannt werden und ihre konkrete Umsetzung den Lehrkräften überlassen bleibt. Die interviewten Lehrkräfte sind sich dessen bewusst und beschreiben sie als »Fundament«, »Grundlage« und »Wegweiser«. Dennoch werden deutlich Probleme bei der Umsetzung der Inhalte benannt: Werden die Themen Migration und Integration im Lehrplan nicht explizit aufgeführt, schaffen sie den Eingang in den Unterricht nur selten. Denn es besteht eine Diskrepanz zwischen Stofffülle und Stundenkontingent. Nicht prüfungsrelevante Themen wie diversitätssensible Bildung fallen daher oft aus der Unterrichtsplanung heraus. Eine Verankerung von Themen um Migration und Integration als prüfbare Sachinhalte in den Lehrplänen (etwa Deutschland als Einwanderungsgesellschaft) würde somit am ehesten gewährleisten, dass die Themen Eingang in den Unterricht finden.

Die Lehrkraft bleibt der entscheidende Faktor bei der Umsetzung des Lehrplans im Unterricht. Für wie wichtig eine Lehrkraft das Thema einschätzt, ob diese über hinreichendes Wissen und Selbstsicherheit verfügt oder sie selbst, wie in den Interviews deutlich wurde, Anknüpfungsmöglichkeiten bei ihrer eigenen Biographie erkennt und dies für den Unterricht fruchtbar machen kann, entscheidet oftmals über die Einbettung von migrations- und integrationsspezifischen Inhalten in den Unterricht.

So besteht eine weitere Diskrepanz zwischen der Anforderung in den Lehrplänen nach einer interkulturellen bzw. diversitätssensiblen Unterrichtsgestaltung und der mangelnden Verankerung der Themen Migration, Integration und Diversität in der Lehrkräfteausbildung. Entsprechend wird nicht zuletzt von den Lehrkräften der Wunsch nach diversitätssensibler Bildung als fächerübergreifendem und obligatorischem Teil der praktischen Lehrkräfteausbildung (Referendariat) geäußert.

In den von uns durchgeführten Interviews wird auch eine Unsicherheit deutlich, wie mit dem Begriff der »interkulturellen Bildung« umgegangen werden soll. Dahinter verbirgt sich ein konzeptionelles Problem, welches aufs engste wiederum durch die Vorstellungen von »Kultur« und gegenwärtige Identitätsdiskurse geprägt ist. So wird der Begriff der »interkulturellen Bildung«, der seit dem KMK-Beschluss von 1996 und dessen Aktualisierung aus dem Jahr 2013 (KMK 2013) prominent in den Lehrplänen vertreten ist, in den Interviews von den Lehrkräften sehr unterschiedlich und kontrovers aufgefasst:[11] Auf der einen Seite interpretieren Lehrkräfte »interkulturelle Bildung« mit einem in sich geschlossenen, auf ›Herkunft‹ gerichteten Kulturverständnis, wonach sich verschiedene Kulturen monolithisch gegenüberstehen. Hier herrscht eine an Differenz orientierte Perspektive auf Kultur (vgl. auch Nohl 2006). Auf der anderen Seite wird sich in den Interviews vom Begriff der Interkulturalität distanziert, weil er ein containerartiges Kulturverständnis transportiere. Damit gehe auch die Gefahr der »Kulturalisierung« von unterschiedlichen Identitäten einher, die im Wesentlichen aus einer starken Fixierung auf vermeintlich eindeutige Herkunftskulturen der Schüler:innen resultiere.[12] Ein Ausweg, der sich in den Interviews andeutete, könnte sein, das sich aus den KMK-Beschlüssen ergebende Interkulturalitätsdispositiv auf Begriffe diversitätssensibler Bildung umzustellen. Der Begriff der Diversität bzw. der diversitätssensiblen Bildung, welcher die Herkunftsorientierung durch weitere Dimensionen von gesellschaftlicher und individueller Vielfalt ergänzt, scheint sich besser zu eignen, um den Anforderungen einer konstitutiv auf Vielfalt beruhenden Einwanderungs- bzw. Migrationsgesellschaft entgegenzukommen und ihre Spezifika angemessen zu beschreiben.

Obwohl mehrere Studien mit Blick auf die Probleme der Integrationsfähigkeit eine positive Wirkung von u. a. herkunftssprachlichem Unterricht (vgl. Pfaff/Karakaşoğlu/Vogel 2019) bestätigen, beklagen Lehrkräfte in den Interviews, dass Mehrsprachigkeit in der Praxis – trotz der Forderungen aus KMK und vielen Lehrplänen – selten als wertvolle Ressource erachtet wird. So wird berichtet, dass die Kommunikation im Kollegium oder in der Schülerschaft mittels einer Fremdsprache, die keine Unterrichtssprache ist, auf Ablehnung stößt.

Nach Ansicht der befragten Lehrkräfte ist ein vielfältiges Kollegium ebenfalls eine wichtige Voraussetzung für diversitätssensible Bildung. Gleichwohl wird berichtet, dass die Vielfalt der Gesellschaft in den Lehrkräftekollegien selten adäquat repräsentiert ist. Dieser Eindruck wird auch von den Zahlen des Mikrozensus 2019 gestützt. Bundesweit lag der Schnitt von Lehrkräften mit ›Migrationshintergrund‹ im Jahr 2019 bei 11,1 % (Statistisches Bundesamt 2020a). Dem gegenüber steht eine Schülerschaft, die zu 37 % einen ›Migrationshintergrund‹ besitzt (Statistisches Bundesamt 2020b).

---

11 Auch die Personen aus der Lehrplanentwicklung und dem Fortbildungsbereich zeigten diese unterschiedlichen Auffassungen bezüglich der interkulturellen Bildung.
12 An dieser Stelle sei auf den langjährigen und kontroversen Diskurs zum (Selbst-)Verständnis der ›Interkulturellen Bildung‹ hingewiesen (vgl. u. a. Auernheimer 1995, Nieke 2000, Nohl 2006, Krüger-Potratz 2018).

2.5 Empfehlungen für Lehrpläne in der Migrationsgesellschaft

Aus den Ergebnissen der »Lehrplanstudie Migration und Integration« lassen sich Empfehlungen für Lehrpläne in der Migrationsgesellschaft ableiten. Die Empfehlungen zielen auf die Lehrplaninhalte selbst, aber auch auf die Lehrplanentwicklung, die Lehrkräfteausbildung und weitere Rahmenbedingungen, um das Lehrplan- und Schulwesen für die Erfordernisse der Migrationsgesellschaft zu ertüchtigen.

2.5.1 Deutschland als Einwanderungsland in den Lehrplänen

Bundesweit wäre es von Vorteil, die Themen von Migration und Integration stärker in den Lehrplänen zu verankern und das Verständnis von Deutschland als Einwanderungsland zu entwickeln. Deutschland als Einwanderungsgesellschaft wird in den Lehrplänen bislang kaum thematisiert. Weder die historischen Entwicklungen, die zur migrationsbedingten Vielfalt in Deutschland geführt haben, noch die Auswirkungen auf die deutsche Gesellschaft finden sich in den Lehrplänen ausreichend wieder. Dazu gehört die Behandlung zentraler historischer Migrationsbewegungen nach Deutschland: von den Vertriebenen der Nachkriegszeit über die Anwerbung von Arbeitsmigrant:innen von Mitte der 1950er bis in die frühen 1970er Jahre bis hin zu den Bewegungen im Rahmen der EU-Freizügigkeit und aktuellen Fluchtbewegungen nach Deutschland. Die mit den vergangenen und gegenwärtigen Migrationsbewegungen verbundenen Veränderungen in der deutschen Gesellschaft sind nicht nur für die Lebenswirklichkeit aller Schüler:innen wesentlich, sondern auch für die Herausbildung eines Zugehörigkeitsgefühls. Dabei geht es bei der Bildung in einer vielfältigen Gesellschaft auch um die Sichtbarmachung individueller und kollektiver Migrationsgeschichten.

Angesichts der knappen Ressource Zeit im schulischen Unterricht zeigt sich: Werden migrations- und integrationsbezogene Themen nur in den allgemeinen Kompetenzen erwähnt, aber in den Ausführungen zur Unterrichtsgestaltung ausgespart, dann werden diese häufig nicht im Unterricht umgesetzt. Die Themen Migration und Integration als integraler Bestandteil der Lehrpläne auf der Ebene der prüfungsrelevanten Sachinhalte gewähren im Rahmen einer administrativen Steuerung am ehesten den Transfer in die Unterrichtspraxis. Dies kann im Zuge einer Bildung über Deutschland als Einwanderungsgesellschaft oder beim Erlernen der – auch migrationsunabhängigen – Diversität der ursprünglich ethnisch homogen imaginierten nationalstaatlich gefassten Gesellschaft erfolgen.[13] Migration als die Gesellschaft nachhaltig prägende und verändernde Kraft müsste sich in den

---

13 Migrationsunabhängige Diversität und damit auch Multikulturalität von Gesellschaft findet sich in verschiedenen Klassenlagen und Milieus, regionalen Unterschieden, Generationenlagen, im Geschlechterverhältnis usw.

Lehrplänen in diversitätssensibler und diskriminierungskritischer Weise und unter Berücksichtigung intersektionaler Verknüpfungen von Diversitätsdimensionen widerspiegeln. Selbsterklärend darf sich dies nicht nur auf einzelne Schulformen und Bildungsebenen oder Regionen beschränken.

2.5.2 Diversitätssensible Lehrplanentwicklung

Für die Entwicklung von Lehrplänen sind Dialogforen ein wichtiges Format, in denen Schulentwicklungsinstitute und Landesbehörden bundesweit regelmäßig in Austausch über die Lehrpläne und ihre Überarbeitungen treten können. Der Dialog über die Fortentwicklung von Lehrplänen kann *best practices* für andere Länder sicht- und nutzbar machen, Prozesse vereinfachen und den fachlichen Austausch über inhaltliche Schwerpunkte der Lehrpläne ermöglichen. Nicht nur angesichts der engen Zeitkontingente der Lehrplanentwicklung bietet es sich an, wissenschaftliche Perspektiven in diese Formate einzubeziehen. Auch für den Austausch zwischen Praxis und Wissenschaft bieten sich solche Dialogforen an.

Die Lehrplankommissionen sollten in allen Bundesländern wissenschaftliche Expertise (aus der Migrations-, Integrationsforschung und der Fachdidaktik) in die Lehrplanüberarbeitung einbeziehen. Zivilgesellschaftliche Bildungsvereine (insbesondere Migrantenselbstorganisationen aus dem Bildungsbereich) könnten eine beratende Funktion ausüben oder fester Bestandteil der Kommissionen werden. Um in den Lehrplankommissionen die migrationsbedingte Vielfalt Deutschlands widerzuspiegeln, ist die Vertretung eines angemessenen Anteils von Menschen mit Migrationsgeschichte und thematischer Expertise wichtig – dies gilt auch für den Lehrberuf insgesamt.

2.5.3 Über Lehrpläne hinaus

Lehrkräfte sollten für den Transfer migrationsbezogener Themen ausgebildet werden. Hierfür ist die Erarbeitung und Implementierung von Ausbildungsmodulen erforderlich, die die Lehrkräfte inhaltlich, didaktisch und pädagogisch ertüchtigen, migrations- und integrationsbezogene Themen und Probleme diversitätssensibel im Klassenzimmer zu behandeln. Zugleich können Lehrkräfte damit in Aus- und Fortbildung befähigt werden, ihr eigenes Wissen und ihre eigene Stellung kritisch zu reflektieren, um damit auch Situationen der Überforderung entgegenwirken zu können. Was für die Ausbildung gilt, gilt entsprechend auch für die Fortbildungen und die Fortbildungskataloge der Schulentwicklungsinstitute und Landesbehörden.

Die administrative Steuerungsfunktion durch Lehrpläne ist beschränkt. Daher bedarf es für eine optimale Entfaltung der Inhalte flankierender Maßnahmen. Schulentwicklungsprozesse und die Einbindung multiprofessioneller Teams sind zentral, um diversitätssensible Bildung als Querschnittsaufgabe im Schulalltag zu verankern. Außerschulische Bildungsvereine und Migrantenselbstorganisationen aus dem Bereich der Kinder- und Jugendarbeit könnten in solchen Prozessen wichtige Impulse geben: zu einer diversitätssensiblen Schulkultur, zu Unterrichtsmaterialien, Konfliktlösungsstrategien und internen Fortbildungsangeboten.

Die Schulentwicklungsinstitute und Landesbehörden könnten anregen, dass Lehrmittel in digitaler Form zu migrationsbezogenen Themen zur Verfügung stehen. Geeignete Lehrmittel können Lehrplanbezüge herstellen, aktuelle Fragestellungen der erziehungswissenschaftlichen Migrationsforschung und -pädagogik entfalten sowie eine schnelle und flexible Unterrichtsgestaltung ermöglichen. Erste Schritte in diese Richtung finden sich beispielsweise in Bayern.

2.5.4 Weitere Forschung vorantreiben

Zum besseren Verständnis der Rolle von Migration und Integration in der schulischen Bildung sollten zum einen weitere Lehrplananalysen über die untersuchten Fächer und Bundesländer hinaus durchgeführt werden. Auch eine vergleichende Analyse verschiedener Schulformen (unter Einbezug von Grundschulen, Hauptschulen und Berufsschulen) kann zusätzliche Erkenntnisse über spezifische Unterschiede und die Zielsetzungen der Schulformen bzgl. Migrations- und Integrationsthematiken erbringen.

Mit Blick auf die Lehrkräfteausbildung (vgl. u. a. Doğmuş/Karakaşoğlu/Mecheril 2016) ist es wünschenswert, weitere überregionale systematische Analysen der beiden Phasen von Studium und Referendariat in der Lehrkräfteausbildung anzustrengen. Ebenfalls ist eine inhaltliche Erforschung der bestehenden Angebote im Bereich der Lehrkräftefortbildungen (vgl. ebd.) zu den Themen von Migration und Integration erforderlich, um den Transfer theoretischer Konzepte wie das der »Migrationspädagogik« (Mecheril 2016) in die Praxis von Fortbildung und Schule zu evaluieren. Eine weiterführende Beforschung von staatlich-administrativen Prozessen und dem Zusammenspiel der beteiligten Akteuren kann wertvolle Erkenntnisse zur Optimierung der schwerfällig anmutenden Verfahrensweisen und Entwicklungsprozesse bei der Aktualisierung von Lehrplan- und übrigens auch Schulbuchinhalten bereitstellen.

Literatur

Auernheimer, G. (2012): Einführung in die interkulturelle Pädagogik (7. überarb. Aufl.) Darmstadt: WBG.
Doğmuş, A., Karakaşoğlu, Y. & Mecheril, P. (2016) (Hrsg.): Pädagogisches Können in der Migrationsgesellschaft. Wiesbaden: Springer VS.
Foroutan, N. & Ikiz, D. (2016): Migrationsgesellschaft. In: P. Mecheril (Hrsg.): Handbuch der Migrationspädagogik (S. 138–151). Weinheim: Beltz.
Glaser, B. G. & Strauss, A. L. (1967): The Discovery of Grounded Theory. Strategies for Qualitative Research. New York: Aldine de Gruyter.
Krüger-Potratz, M. (2018): Interkulturelle Pädagogik. In: I. Gogolin, V. Georgi, M. Krüger-Potratz, D. Lengyel & U. Sandfuchs (Hrsg.): Handbuch Interkulturelle Pädagogik (S. 183–190). Bad Heilbrunn: Klunkhardt.
Mecheril, P. (2016) (Hrsg.): Handbuch Migrationspädagogik. Weinheim: Beltz.

Niehaus, I., Hoppe, R., Otto, M. & Georgi, V. B. (2015): Schulbuchstudie Migration und Integration. Berlin: Beauftragte der Bundesregierung für Migration, Flüchtlinge und Integration. Online verfügbar unter: https://repository.gei.de/bitstream/handle/11428/65/820991228_2015_A.pdf?sequence=2&isAllowed=y, Zugriff am 25.06.2020.

Nieke, W. (2000): Interkulturelle Erziehung und Bildung: Wertorientierungen im Alltag (2. überarb. und erg. Aufl.). Opladen: Leske + Budrich.

Nohl, A. M. (2006): Konzepte interkultureller Pädagogik. Eine systematische Einführung. Bad Heilbrunn: Klinkhardt.

Pfaff, N., Karakaşoğlu, Y. & Vogel, D. (2019): Herkunftsbezogene Bildungsangebote im Spiegel der Forschung. Universität Bremen. Fachbereich 12. Arbeitsbereich Interkulturelle Bildung. AbIB-Arbeitspapier 1/2019. Online verfügbar unter: https://media.suub.uni-bremen.de/bitstream/elib/4493/1/Pfaff_ua_2019_Herkunftsbezogene_Bildungsangebote_Abib_Arbeitspapier_fin.pdf, Zugriff am 26.01.2022.

Statistisches Bundesamt (2020a): Pressemitteilung Nr. 279 vom 28. Juli 2020. Mikrozensus 2019. Online verfügbar unter: https://www.destatis.de/DE/Presse/Pressemitteilungen/2020/07/PD20_279_12511.html, Zugriff am 24.02.21.

Statistisches Bundesamt (2020b): Fachserie 1, Reihe 2.2, 2020 (Ersterergebnisse) (S. 42.). Online verfügbar unter: https://www.destatis.de/DE/Themen/Gesellschaft-Umwelt/Bevoelkerung/Migration-Integration/Publikationen/Downloads-Migration/migrationshintergrund-2010220207004.pdf;jsessionid=9021074E8D4BC66D3C9412B4ADFDDB24.live741?__blob=publicationFile#page=42, Zugriff am 24.12.21.

Vorländer, H., Angeli, O., Yilmazel, E. & Barp, F. (2021): Lehrplanstudie Migration und Integration. Berlin: Beauftragte der Bundesregierung für Migration, Flüchtlinge und Integration (Hrsg.). Online verfügbar unter: https://www.integrationsbeauftragte.de/resource/blob/1872554/1880068/ce14c357416b8c410d5df58050a52c3d/lehrplanstudie-data.pdf?download=1, Zugriff am 22.10.2021.

Wehling, H. G. [1977] (2016): Konsens à la Beutelsbach? Nachlese zu einem Expertengespräch. Textdokumentation aus dem Jahr 1977. In: B. Widmaier & P. Zorn (Hrsg.): Brauchen wir den Beutelsbacher Konsens? Eine Debatte der politischen Bildung (S. 19–27). Bonn: Bundeszentrale für politische Bildung. Online verfügbar unter: https://www.bpb.de/shop/buecher/schriftenreihe/236903/brauchen-wir-den-beutelsbacher-konsens, Zugriff am 22.12.2021.

Quellenverzeichnis

KMK-Beschlüsse

KMK (2013): Interkulturelle Bildung und Erziehung in der Schule. Beschluss der Kultusministerkonferenz vom 25.10.1996 i.d.F. vom 05.12.2013. Online verfügbar unter: https://www.kmk.org/fileadmin/veroeffentlichungen_beschluesse/1996/1996_10_25-Interkulturelle-Bildung.pdf, Zugriff am 16.10.2020.

KMK (2017): Interkulturelle Bildung und Erziehung in der Schule. (Beschluss der Kultusministerkonferenz vom 25.10.1996 i.d.F. vom 05.12.2013). Berichte der Länder über die Umsetzung des Beschlusses (Stand: 11.05.2017). Online verfügbar unter: https://www.kmk.org/fileadmin/Dateien/pdf/Bildung/AllgBildung/2017-05-11-Berichte_Interkulturelle_Bildung.pdf, Zugriff am 16.10.2020.

Lehrpläne

MBJS (2015a): Rahmenlehrplan Jahrgangsstufen 7–10, Teil C. Geschichte. Jahrgangsstufen 7–10. Gültig ab Schuljahr 2017/18. Online verfügbar unter: https://edumedia-depot.gei.de/bitstream/handle/11163/3694/877879168_2015_A.pdf?sequence=2, Zugriff am 07.01.2021. (BE/BB_Ges_2017)

MBJS (2015b): Rahmenlehrplan Jahrgangsstufen 7–10, Teil C. Politische Bildung. Jahrgangsstufen 7–10. Gültig ab Schuljahr 2017/18. Online verfügbar unter: https://edumedia-depot.gei.de/bitstream/handle/11163/3698/877901406_2015_A.pdf?sequence=2, Zugriff am 07.01.2021. (BE/BB_PB_2017)

MSB (2019): Kernlehrplan für die Sekundarstufe I. Gymnasium in Nordrhein-Westfahlen. Geschichte. Gültig ab dem 01.08.2019. Online verfügbar unter: https://edumedia-depot.gei.de/bitstream/handle/11163/5589/1668821060.pdf?sequence=1, Zugriff am 07.01.2021. (NW_Gym_Ges_2019)

StMUK (2004): Gymnasiallehrplan, Geschichte, Jahrgangsstufe 10. Online verfügbar unter: http://www.gym8-lehrplan.bayern.de/contentserv/3.1.neu/g8.de/id_26733.html, Zugriff am 11.01.2021. (BY_Gym_Ges_10_2004)

StMUK (2020): Realschullehrplan, Geschichte, Jahrgangsstufe 10. Gültig ab Schuljahr 2022/23. Online verfügbar unter: https://www.lehrplanplus.bayern.de/fachlehrplan/realschule/10/geschichte, Zugriff am 11.01.2021. (BY_RS_Ges_10_2022)

3 Was kann es bedeuten, Lehrer:innen (nicht) als Pädagog:innen zu denken? Anfragen aus der Perspektive erziehungswissenschaftlicher Migrationsforschung

Saphira Shure

> »Als Lehrer[:innen] sind wir Politiker[:innen] und auch Künstler[:innen].«
> (Freire 1981: 88)

3.1 Plädoyer für das Pädagogische (in) der Lehrer:innenbildung – eine Hinführung

Dieser Text ist nicht so sehr Ausdruck einer Suchbewegung, auch wenn die Frage im Titel diesen Anschein erwecken könnte. Die Formulierung der Frage ist eher der Versuch, einen Modus der Reflexion aufzurufen. Es geht darum, eine kritische Anfrage an die Lehrer:innenbildung und ihre Akteur:innen, zu denen auch ich als Autorin des vorliegenden Beitrags gehöre, zu entfalten. Der Frage »Was kann es bedeuten, Lehrer:innen (nicht) als Pädagog:innen zu denken?« liegt letztlich eine bestimmte Perspektive und damit verbunden das Ziel zugrunde, ein Plädoyer für das Pädagogische (in) der Lehrer:innenbildung zu formulieren. Dieses Plädoyer ist damit als Beitrag zu einem Ringen zu verstehen, nämlich um das, was die Professionalität von Lehrer:innen ausmacht. Es ist Ausdruck des Nachdenkens und Diskutierens über »Leitbilder für den Lehrberuf« (Terhart 2012a: 59), die als normative Referenzen für Bildung bzw. Professionalisierung bedeutsam sind und zugleich in einem gewissen Spannungsverhältnis zur »technischen Unbestimmtheit« (Mecheril/Hoffarth 2011: 29) pädagogischen Handelns stehen.

Das Ringen, Nachdenken und Diskutieren mit Bezug auf pädagogische Perspektiven und Inhalte (in) der Lehrer:innenbildung hat eine lange Geschichte und unterschiedliche Konjunkturen (vgl. Terhart 2012a/2012b; Harant 2016; Böhme, Cramer & Bressler 2018; Kunina-Habenicht/Terhart 2020). Die Entwicklung und Implementierung der »Bildungswissenschaften« in der bundesdeutschen Lehrer:innenbildung (vgl. erstmals KMK 2004; KMK 2019) kann allerdings durchaus als eine wirkungsvolle Zäsur markiert werden, die nicht alleine mit einer »Unruhe innerhalb der disziplinären Welt« (Terhart 2012b: 22) verbunden war und ist. Diese Zäsur hat auch ernsthafte Kritiken an der »grundlegende[n] Transformation von der *Input*- zur *Output*-Orientierung« (Casale et al. 2010: 43; Herv. i.O.) und die Markierung eines »fundamentalen Wandel[s] im Verständnis von Bildung und Ausbildung« (ebd.) hervorgebracht (vgl. auch Pongratz 2014). Die Veränderung der Lehrer:innenbildung als ein Ausdruck des OECD-Diskurses zur »Effektivität schulischer Bildung, die als Voraussetzung für den zukünftigen wirtschaftlichen Erfolg der OECD-Staaten betrachtet wird« (ebd.), als Wirkung der Bologna-Reform sowie den sich anschließenden Debatten um die Qualität der Lehrer:innenbildung (vgl. Pasternack et al. 2017: 27 ff.) führt(e) jedenfalls zur Befragung dieses veränderten oder zum damaligen Zeitpunkt auch »neuen Typus« (Casale et al. 2010: 54) der Bildung von Lehrer:innen. Dieser Typus verdeutlicht eine stärkere Orientierung an psychologischen Perspektiven der Lehr-Lernforschung und den damit verbundenen diagnostischen Verfahren und damit zugleich auch ein Zurückdrängen genuin pädagogischer Fragen. Rita Casale, Charlotte Röhner, Andreas Schaarschuch und Heinz Sünker (2010) zeigen in ihrer exemplarischen Auseinandersetzung mit der »Reform der lehrerbildenden Studiengänge nach den Strukturvorgaben der europäischen Hochschulreform« (ebd.: 44) für das Land NRW, inwiefern diese mit einem »Abschied vom pädagogischen Zugang zugunsten einer zu begründenden Lernwissenschaft verbunden« war (ebd.: 53), die insbesondere über die Schwerpunktsetzung im Bereich der »Diagnostik« bzw. der Erhebung von »Störungen« und »Hindernissen« charakterisiert werden kann (vgl. ebd.: 54). »Unser Anliegen ist«, so die Autor:innen zum Ziel ihres Beitrags,

> »zunächst, eine Tendenz zu bezeichnen, die nicht nur auf den schrumpfenden Beitrag der Erziehungswissenschaft zur Lehrerbildung reduziert werden kann. Es geht vielmehr um das Verständnis wissenschaftlicher Forschung, um Ignoranz gegenüber unterschiedlichen wissenschaftlichen Traditionen und um die Fassung von Professionalität im Bildungs- und Erziehungsbereich.« (ebd.)

Ewald Terhart sieht darin eine »pauschale Kritik der angeblich nur funktionalen, technokratischen ›Bildungswissenschaft‹« (2012b: 23) und markiert in seinen Texten zu den Bildungswissenschaften als Teilbereich der Lehrer:innenbildung die potenzielle Offenheit sowie die unterschiedlichen Möglichkeiten der Ausgestaltung dieses Bereichs, der sich vielfach jenseits der Psychologisierung und Technisierung pädagogischen Handelns bewege (Terhart 2012a/2012b). Zugleich weist auch Terhart auf die mit den entsprechenden Reformprozessen verbundene Abwendung von »philosophisch-pädagogische[r] Bildung (bis 1970) oder gesellschaftskritisch-reformpädagogische[r] Gesinnungsbildung (ab 1979 bis in die 1980er-Jahre)« (Terhart 2012a: 58) hin. Stattdessen sei eine stärkere Fokussierung der universitären Lehrer:innenbildung auf die Bedarfe des späteren Berufsfeldes, also des schulischen Handlungsfeldes, sowie damit verbunden auf »Wissenschaft und Forschung« zu verzeichnen (ebd.). Diese Fokussierung kann durchaus als »veränderte Wissensbasis« (Casale et al 2010: 55) interpretiert werden, durch die eine »Konzentration auf die *Anwendbarkeit* von Wissen« (ebd.: 56; Herv. i. O.) befördert wird. Außerdem verweist Terhart entlang der Anfrage an die Inhalte und die Relevanz der Bildungswissenschaften für die unterschiedlichen Lehramtsstudiengänge auf die inneruniversitären Kämpfe um disziplinäre Sichtbarkeiten (Terhart 2012a: 58). Diese können selbst wieder als Ausdruck der von Casale et al. angesprochenen Entwicklungen (des Umbaus des Bildungswesens) betrachten werden. Auch wenn die pädagogischen bzw. bildungswissenschaftlichen Elemente in der Lehrer:innenbildung, etwa an der Universität, »quantitativ in den letzten Jahrzehnten insgesamt gewachsen« sind

(Terhart 2012a: 58), bleibt die »Paradoxie [...]: Im Studium für den größten pädagogischen Beruf – den Lehrerberuf – spielt die Erziehungswissenschaft nur eine *Nebenrolle*.« (Kunina-Habenicht/Terhart 2020: 41; Herv. i. O.).

Nachfolgend greife ich diese durchaus unterschiedlichen Auseinandersetzungen mit den bildungswissenschaftlichen Anteilen, mit anderen Worten ›dem Pädagogischen‹ (in) der Lehrer:innenbildung auf und belebe sie, indem ich sie aus der Perspektive *kritischer erziehungswissenschaftlicher Migrationsforschung* (vgl. Mecheril et al. 2013, Geier/Zaborowski 2016; Shure 2016; Shure 2021) kommentiere und ergänze. Wenn ich dabei meine Aufmerksamkeit auf die Zielrichtungen, die Einflussfaktoren und Referenzen der Lehrer:innenbildung richte, so will ich insbesondere die Bedeutung (migrations-)gesellschaftlicher Wandlungsprozesse sowie die Rolle der Lehrer:innenbildung als (Migrations-)Gesellschaft-vermittelnd in den Blick nehmen (vgl. dazu auch Mecheril/Shure 2018; Karakaşoğlu/Mecheril 2019; Shure 2021; Ohm/Shure 2022). Denn die Gefahr der Technologisierung der Lehrer:innenbildung (vgl. Harant 2016), eine Reduzierung auf Funktionsfähigkeit hinsichtlich bestehender gesellschaftlicher Anforderungen sowie die möglichen Effekte derartiger Tendenzen werden in der Beschäftigung mit dem Topos *Migration* besonders offenkundig. Dies verdeutliche ich anhand eines Beispiels, das entlang von empirischem Material (ein Auszug aus einem Interview, das ich im Rahmen meiner Dissertationsstudie erhoben habe, vgl. Shure 2021) entfaltet wird. Über die spezifische Problematisierung der Thematisierung von Migration, die in diesem Beispiel zum Ausdruck kommt, lassen sich allgemeine Anfragen an die Lehrer:innenbildung ableiten – so die These des Beitrags. Von hier ausgehend werden nachfolgend Ideen dazu skizziert, was, geleitet aus der Perspektive kritischer erziehungswissenschaftlicher Migrationsforschung, das pädagogische Moment in der Lehrer:innenbildung ausmachen könnte und welche Relevanz dieses entfaltet.

3.2 Lehrer:innen als spezifische (Handlungs-)Expert:innen? Zur Frage nach dem »Zweck«

Im Text »Vom pädagogischen Begleitstudium zu den Bildungswissenschaften in der Lehrerinnen- und Lehrerbildung: Themen und Trends« formuliert Terhart »Thesen zum Wandel der bildungswissenschaftlichen Inhalte« (2012a: 55 ff.). In diesen stellt er u. a. die Frage nach dem »Zweck« der Bildungswissenschaften. Es geht ihm darum, dass an eben diesem »Zweck« zu orientieren sei, wie dieses »Studienelement« ausgestaltet werde, also welche Disziplinen in welcher Intensität beteiligt werden: »Da das Ganze ein zweckgerichtetes Unternehmen ist,« so Terhart, »sollte man diese Frage auch unter dem folgenden Gesichtspunkt beantworten: Diesen Teil bekommt der, der am meisten zum Erreichen des Zwecks beiträgt.« (ebd.: 59)

Gerade entlang der Frage nach dem »Zweck« lässt sich meiner Ansicht nach auch die Kritik an der Umstrukturierung der Lehrer:innenbildung lesen, die von Casale et al. formuliert wird. Letztlich problematisieren die Autor:innen eben jene (gesellschaftlich und bildungspolitisch) gesetzten Zwecke, die ihrer Analyse nach in dem »neuen Typus« der Lehrer:innenbildung zum Ausdruck kommen. Hier geht es etwa um die Veränderungen der Institution Schule und eine »Rationalität professionellen Handelns«, die konstituiert wird über »managerielle« Steuerungsinstrumente im Sinne der Steigerung ihrer »Funktionalitäten für den Wettbewerb« (Casale et al. 2010: 59).

Damit markieren sie die Ausrichtung der Lehrer:innenbildung auf die »managerialistische Schule« (ebd.), in der sich die Struktur der »nationalen Wettbewerbsstaaten« (Hirsch 1998 zit. n. ebd.: 57) spiegele. Angestoßen durch diese Markierung lassen sich die normativen Bezüge von Bildung bzw. Professionalisierung einer kritischen Befragung unterziehen, die eben jene »Zwecke« sind, an denen die Inhalte der Bildungswissenschaften orientiert werden oder aber orientiert werden sollen (vgl. auch Gottuck et al. 2022). Sollen Lehrer:innen z.B. als spezifische Handlungs-Expert:innen für das kapitalistische Wettbewerbssystem *aus*gebildet werden? Und wenn ja, wie müssen dann die bildungswissenschaftlichen Anteile der ersten Phase, also des Studiums, ausgestaltet sein, damit dieser »Zweck« erfüllt wird? In diesem Zusammenhang geht es sehr grundlegend um die Debatten zu den verschiedenen »normativ aufgeladene[n] Leitbilder[n] für den Lehrberuf« (Terhart 2012a: 59). »Welchen Typus von Lehrperson strebt man an –« so Terhart im Rahmen seiner Thesen,

> »den soliden Unterrichtshandwerker, den ganzheitlichen Kinderfreund, den peniblen Lehrplanungsumsetzer, den emanzipierenden Aufklärungshelfer, den kulturkritischen Reflektierer, den reflektierenden Pragmatiker, den wissenschaftsgestützten Experten, den geistig-moralischen Wegweiser? In diesem Kontext kommen unterschiedliche, global-abstrakte, unausweichlich normativ aufgeladene Leitbilder für den Lehrberuf, unterschiedliche Vorstellungen über den Auftrag der Schule etc. zum Zuge.« (ebd.)

Der angestrebte »Typus« ist ebenso umkämpft wie die Frage, welche Inhalte im Rahmen von Lehrer:innenbildung (im Bereich des Studiums, des Referendariats und auch in den Fortbildungen) relevant gesetzt werden sollen. Je nach Schwerpunkt oder zentralem Anliegen der Akteur:innen der Lehrer:innenbildung sowie der Bildungspolitik, je nach gesellschaftlichen Konjunkturen (nationalen oder auch internationalen Entwicklungen), rücken andere Typen bzw. andere Anforderungen in den Mittelpunkt der Debatten. Hier kommen wir letztlich, wie Terhart und auch Casale et al. andeuten, in die Diskussion um die Funktionen von Schule (Fend 1980; Wiater 2012), da die Schule ja gerade das Handlungsfeld ist, worauf Lehrer:innenbildung ausgerichtet wird. Geht es mit dem ausgewählten »Typus« um eine Orientierung an der *bestehenden* schulischen und damit letztlich auch gesellschaftlichen Ordnung? Geht es um (Handlungs-)Expert:innen für Fächer und fachspezifische Kompetenzen?

Insbesondere die kritische Reflexion auf den »Zweck«, die Anfrage an das »Wofür«, verdeutlicht, dass Lehrer:innenbildung ein gesellschaftlich vermittelter Ort ist, das heißt, das, was an diesem Ort passiert und passieren soll, ist sozial hergestellt und Ausdruck von kooperativen, aber auch kompetitiven Prozessen (vgl. Mecheril/Shure 2018; Shure 2021). Es ist ein Anliegen der *kritischen erziehungswissenschaftlichen Migrationsforschung* und der *Migrationspädagogik* (Mecheril 2004; Mecheril et al. 2010) sowie der *postkolonialen Pädagogik* (vgl. Castro Varela 2020/2022), die kooperativen und kompetitiven Prozesse, ja das Ringen um die Ziele der Lehrer:innenbildung in den Fokus der Lehrer:innenbildung selbst zu holen.[1] Lehrer:innenbildung ist aus dieser Perspektive dahingehend zu betrachten und zu befragen, wie sie in welcher Weise entstanden, geprägt und in gesellschaftliche Entwicklungen involviert ist. Welche Lehrer:innenbildung konnte sich zu welcher Zeit durchsetzen und warum? Welche Inhalte, Themen oder Anliegen setzen sich nicht durch und warum? Das Anliegen, die Fragen zu stellen, erwächst aus der Berücksichtigung und Bearbeitung von Differenzordnungen sowie von Macht- und Ungleichheitsverhältnissen (vgl. Dirim/Mecheril 2018). So wird z. B. mit dem Interesse an einer Auseinandersetzung damit, wie und wo Differenz hergestellt wird (vgl. ebd.), die Notwendigkeit deutlich, die bestehenden Strukturen im Kontext von Bildung und Pädagogik zu hinterfragen. Dies gilt auch für das pädagogische Ziel, für Strukturen einzustehen, »in denen der und die Einzelne als biographisch einzigartiges Handlungssubjekt erkannt und anerkannt wird, sodass freiere und würdevollere Formen des Lebens möglich werden« (Mecheril 2014: 172), Denn angesichts des Interesses an dem Abbau von Ungleichheit und Diskriminierung wird unhaltbar, dass alles bleiben soll, wie es ist. Es braucht viel mehr eine systematische Kritik an Strukturen, in denen z. B. im Hinblick auf »proletarisch-migrantische[ ] SchülerInnen« eine »intellektuelle Entwicklung […] nur für diejenigen möglich [ist], die außerhalb der Schule Inspiration und Unterstützung erhalten oder deren Resilienz ungewöhnlich stark ist« (Castro Varela 2016: 47). Ein *Aus*bilden für das Bestehende und so auch ein *Aus*bilden im Dienste dieser Ungleichheitsverhältnisse muss aus einem solchen Blickwinkel deutlich kritisiert werden. Damit rückt die Frage in den Fokus, wie eine Professionalisierung von Lehrer:innen gelingen kann, die einen Beitrag dazu leistet, dass diese Strukturen reflektier- und veränderbar werden.

3.3 Die Funktionalisierung und Technisierung der Lehrer:innenbildung: Der Fall ›Migration‹[2]

Mit dem Blick auf den Topos ›Migration‹ wird die Relevanz der Infragestellung eines Zuarbeitens für die bestehende gesellschaftliche ›Normalität‹ der Differenz und Ungleichheit besonders deutlich. An ihm zeigt sich die pädagogische Notwendigkeit einer reflexiven Auseinandersetzung mit dem »Kampf um Ordnungen« (Mecheril 2015: 103). Dies bezieht sich etwa auf den Kampf um das, was in der oder für die

---

1 In Hinblick auf diese Perspektiven besteht eine Verbindung zu *Kritischen Pädagogiken* sowie zu an diesen angelehnten oder mit diesen verwandten Zugängen (vgl. Freire 1973 & 1981; Giroux 2011; hooks 1994). Es wäre interessant und aufschlussreich, diese Verbindung stärker zu systematisieren und diese Systematisierung auch für die Lehrer:innenbildung fruchtbar zu machen (vgl. etwa Heidrich et al. 2021).
2 Zentrale Aspekte aus den Abschnitten 3.3 und 3.4 finden sich bereits in Shure 2021.

Lehrer:innenbildung als relevant erachtet wird, denn diese Kämpfe entfalten im Kontext von Bildung Wirksamkeit (vgl. Rangger 2021). Es geht hierbei um eine *Perspektive auf das Allgemeine* (etwa auf allgemeine pädagogische Fragen), die allerdings in dem »verdichteten Knoten« (Haraway 1995: 75) der Zeitdiagnose Migrationsgesellschaft die Möglichkeit entfaltet, auf bestimmte Aspekte aufmerksam zu werden und dadurch letztlich auch Punkte des Allgemeinen genauer betrachten, analysieren und diskutieren zu können.

> »Durch die migrationsgesellschaftliche Tatsache kommen nicht gewissermaßen neue Anforderungen an beispielsweise Professionelle ins Spiel – seien dies Lehrer_innen, Erzieher_innen, Bildungsplaner_innen, Bildungspolitiker_innen –, sondern die große Chance, die mit Migrationsphänomenen einhergeht, ist, dass beispielsweise diese Berufsgruppen, also wir alle, daran erinnert werden, was eigentlich unsere allgemeine grundlegende prinzipielle Aufgabe ist.« (Mecheril 2015: 102)

Migrationsgesellschaft verdeutlicht die Offenheit gesellschaftlicher Ordnungen, eben weil Migrationsphänomene die Veränderbarkeit, Pluralisierung und Hybridisierung der gesellschaftlichen Ordnungen aufzeigen. Zugleich wird durch Migrationsphänomene deutlich, dass wir es mit Machtverhältnissen zu tun haben und sich daher spezifische Ordnungen (der Differenz) durchsetzen (können) (vgl. Rommelspacher 1995). Vielfach wird die je durchgesetzte Ordnung allerdings gerade nicht als machtvoll produziert erkenn- oder besprechbar, sondern erscheint quasi als natürlich oder auch notwendig. Auf diese Weise kann, wie zuvor angesprochen, etwa ein spezifischer Zweck, an dem beispielsweise das Lehramtsstudium orientiert wird, zu einer rational gesetzten Norm stilisiert werden. Die rational gesetzte Norm ermöglicht also u.a. eine reibungslose sowie zielgerichtete Organisation der Lehrer:innenbildung – die Frage nach dem ›Wofür‹, also danach, was Reibung eigentlich meint und warum das jeweilige Ziel bestimmt wurde, gerät dabei in den Hintergrund.

An diese Überlegungen anschließend möchte ich anhand eines sehr kurzen Ausflugs in ein empirisches Beispiel auf die Setzung eines Zwecks und damit verbunden auf eine bestimmte Strukturierung im Rahmen des Lehramtsstudiums eingehen. Dabei handelt es sich um eine Strukturierung, in der und durch die Lehrer:innen als (Handlungs-)Expert:innen und aus einer migrationsgesellschaftlichen Perspektive etwa als Agent:innen der Migration oder als Agent:innen eines Integrationsdispositivs (vgl. Shure 2016) in Erscheinung treten. Diese Expert:innen- bzw. Agent:innenstruktur ermöglicht eine gewissermaßen technische Handhabbarkeit der (migrations-)gesellschaftlichen Verhältnisse und bestätigt letztlich eine spezifische (u.a.) schulische Ordnung.

In dem Materialauszug, den ich für den angesprochenen Ausflug nutze, wird von einer Person Auskunft über die Struktur des Lehramtsstudiums gegeben. Diese Person ist selbst als Lehrende in das Studium involviert.[3] Den Hintergrund des

---

[3] Ich bin auf dieser Grundlage davon ausgegangen, dass die Auskunft gebende Person mir durch ihre Erfahrungen und ihre Situiertheit etwas über das Lehramtsstudium in der Migrationsgesellschaft berichten kann. Der Fokus des Gesprächs war dabei hauptsächlich auf die Frage nach der Bedeutung der Topoi ›Migration‹ und ›Migrationsgesellschaft‹ innerhalb der universitären Lehrer:innenbildung gerichtet (vgl. Shure 2021: 79 ff.).

Materialauszugs bildet die Frage nach der Bedeutung des Themas Migration für das Lehramtsstudium (vgl. Shure 2021):

> »B: [...] Ehm die Lehrämter für Haupt-, Real- und Gesamtschulen, die müssen mehr belegen, die müssen auch eine längere Prüfung machen, weil man natürlich dabei- oder bei denen davon ausgeht, dass die mit Schülerinnen und Schülern *zu tun haben* (lachend gesprochen), bei denen Mehrsprachigkeit eigentlich eine größere Rolle spielt, als zum Beispiel die Lehrkräfte, die später in die Sekundarstufe II gehen, ne. Ehm deswegen kriegen die eine Veranstaltung mehr *aufgebrummt* (lachend gesprochen) (kurzes Auflachen), sage ich mal (kurzes Auflachen). Um *sozusagen* (lachend gesprochen) (.) dieser Realität zu entsprechen oder sich darauf vorzubereiten. [...]«

B erklärt in diesem Auszug eine bestimmte Logik, die den Strukturen der verschiedenen Studiengänge im Lehramt zugrunde liegt. Es geht darum, dass Lehramtsstudierende, die in ihrer späteren Berufsausübung an Grundschulen, Realschulen oder Hauptschulen arbeiten werden, mehr mit über das Merkmal ›Mehrsprachigkeit‹ als migrantisch markierten Schüler:innen zu tun haben als die Studierenden, die später in der Sekundarstufe II und damit primär am Gymnasium unterrichten werden. Aus diesem Grund müssen die Lehramtsstudierenden, die Lehramt für die Bereiche Grundschule und Sekundarstufe I studieren, sich mehr mit dem Thema ›Mehrsprachigkeit‹ (das in der Auskunft von B das Thema ›Migration‹ repräsentiert) auseinandersetzen. Die zumindest quantitativ gesehen ausführlichere Auseinandersetzung folgt letztlich dem Anspruch der späteren beruflichen Tätigkeit. Dieser Anspruch orientiert sich an einer spezifischen Vorstellung schulischer und gesellschaftlicher Normalität, der zufolge an diesen Schulen »Mehrsprachigkeit eigentlich eine größere Rolle spielt«, weshalb es nötig werde, gegenüber angehenden Lehrer:innen für diese Schulformen die institutionalisierte Logik des ›Die-Kriegen-Eine-Veranstaltung-Mehr-Aufgebrummt‹ zur Anwendung zu bringen. In diesem Sinne passt die Studienstruktur zu der »Realität« respektive Normalität, in der ›mehrsprachige Schüler:innen‹ bzw. ›Schüler:innen mit Migrationshintergrund‹ eher in den Haupt- und Realschulen zu finden seien als auf dem Gymnasium. Das hier aufgerufene Merkmal der Mehrsprachigkeit scheint sich von jener Mehrsprachigkeit zu unterscheiden, die im schulischen Kontext als notwendig und sinnvoll angesehen wird, etwa Fremdsprachenkenntnisse als Voraussetzung für das Abitur (vgl. Vogel/Karakaşoğlu 2021). Das Merkmal bezieht sich demnach eher nicht auf Sprachen wie Englisch, Französisch oder Spanisch. Es geht vielmehr um die Mehrsprachigkeit der ›Anderen‹, deren weitere Sprache/Erstsprache oder aber deren imaginierte weitere Sprache/Erstsprache als Defizit markiert wird und mit der Idee der Förderbedürftigkeit verbunden ist.

Ein Wissen über die Anwesenheit oder aber Abwesenheit dieser »Migrationsanderen« (Mecheril 2004) befördert folglich eine bestimmte Struktur (in) der universitären Lehrer:innenbildung und legitimiert diese Struktur zugleich. Darüber wird das migrationsgesellschaftliche Wissen wiederholt, demzufolge die Migrationsgesellschaft weniger als grundlegend relevant für Schule und Lehrer:innenbildung verstanden wird, sondern als ein spezifisches Thema für ausgewählte, von diesem Thema qua Schüler:innenpopulation besonders ›betroffene‹ Bereiche. Die Organisation der Lehramtsstudiengänge orientiert sich an den gesellschaftlichen Gegebenheiten, in denen Migration, in der Gestalt der An-/Abwesenheit Migrationsanderer, ein Thema für spezielle Kontexte und auch für spezielle Agent:innen ist.

In Anlehnung an Casale et al. lässt sich dies auch als Reduzierung der Professionellen »auf den Status der ExpertInnen« (Casale et al. 2010: 57) verstehen:

> »So wird [...] ein Konzept pädagogischen Handelns in Anschlag gebracht, das nicht nur die Regression von Professionellen auf den Expertenstatus mit sich bringt, sondern bestenfalls wenig Aussicht auf Erfolg haben wird – schlimmstenfalls jedoch Pathologien in den Lebenswelten der Objekte pädagogischer Behandlung generiert.« (ebd.)

Die »pädagogische Behandlung« verweist auf eine Technik oder vielmehr eine Technologisierung pädagogischer Situationen sowie damit verbunden auch der (migrations-)gesellschaftlichen Verhältnisse. Das bedeutet: Die krankhaften bzw. nicht normalen Zustände der Körper – darauf verweist der Begriff der »Pathologien« – können durch spezifische Verfahren behandelt und verändert werden. Das Konzept der Lehrer:innen als kompetente (Handlungs-)Expert:innen geht letztlich einher mit der »Vereinseitigung und Reduktion der Komplexität des Lehrerhandelns auf das durch Psychologisierung und Technisierung sowie managerialistische Steuerung Machbare« (Casale et al. 2010: 61). Es werden möglichst reibungslose Techniken fokussiert, die die bestehende Praxis erhalten sollen. Hier scheint eine Ausgestaltung der Lehrer:innenbildung auf, die einer »berufsvorbereitende[n] Maßnahme« (Cramer 2018: 103) ähnelt und in der es letztlich sehr spezifisch um die Kompetenzen für ausgewählte Praxisfelder bzw. die Praxis in den unterschiedlichen Schulformen – »Praxisrelevanz« (Böhme, Cramer/Bressler 2018: 8) – geht.

Welchen Platz nun ›das Pädagogische‹ jenseits von Diagnostik, Steuerung, Inhaltsvermittlung und Leistungsmessung in diesem Zusammenhang hat und was ›das Pädagogische‹ bedeuten kann, das ist eine spannende und auch bedeutsame Frage. »Der Lehrberuf«, so schreibt Terhart,

> »gilt zwar als ein *pädagogischer* Beruf, und nicht umsonst werden Lehrpersonen als ›Pädagoginnen‹ und ›Pädagogen‹ bezeichnet. Von der Komposition ihrer Ausbildung bzw. der Grösse des bildungswissenschaftlichen (›pädagogischen‹) Anteils her gesehen ist diese Bezeichnung allerdings nicht zwingend – schon gar nicht für die Gymnasiallehrerschaft.« (Terhart 2012a: 51; Herv. i. O.)

So geht es beispielsweise darum, für die Gymnasien eher Fach-Expert:innen *auszu*bilden, die – wie im Interviewausschnitt betont wird – weniger »*mit Schülerinnen und Schülern zu tun haben (lachend gesprochen), bei denen Mehrsprachigkeit eigentlich eine größere Rolle spielt*«. Außerdem kommt in der Auskunft von B die Orientierung der Lehrer:innenbildung an einer spezifischen Idee der Handlungsfähigkeit (angehender) Lehrer:innen zum Ausdruck: Es geht um ein Wissen und Können, das es ihnen ermöglichen soll, innerhalb *des Bestehenden* professionell zu handeln. Gewissermaßen eine Ausbildung von Expert:innen im Sinne der »Anwendbarkeit zur Erzeugung von Kompetenzen und Haltungen *(attitudes)* ausgerichtete und somit technologisch begründete Wissensbasis« (Casale et al 2010: 59; Herv. i. O.). Im Rahmen der bestehenden Ordnung ist ›das Pädagogische‹ ebenso wie ›die Migration‹ im

Kontext gymnasialer Bildung weniger relevant und demgemäß wird die (Aus-)Bildung der Lehrer:innen geregelt (siehe auch Doğmuş, et al. 2018). Dies erscheint als durchaus plausible Orientierung, die letztlich einen bestimmten »Typus« von Lehrpersonen, etwa mit Blick auf die unterschiedlichen Schulformen und deren Schüler:innen – mit Blick auf einen bestimmten Typus von Schule –, stützt.

Gerade an dieser Stelle müsste der Modus der Reflexion ansetzen, den der vorliegende Beitrag bekräftigen möchte. Vereinfacht und etwas überspitzt gesagt geht es darum, uns als Akteur:innen in der Lehrer:innenbildung sowie die (angehenden) Lehrer:innen für die *Frage nach dem Zweck* zu begeistern. Denn durch die Befragung des Zwecks[4], an dem die Bildung von Lehrer:innen orientiert wird, also etwa im Sinne welcher Schule(n) und welcher gesellschaftlichen Verhältnisse Lehrer:innenbildung gestaltet wird, geraten die Strukturen und Inhalte der Lehrer:innenbildung weniger als ein Widerfahrnis in den Fokus der Auseinandersetzung, sondern als hergestellt. Lehrer:innenbildung wird auf diese Weise als politisch erkennbar und zwar in dem Sinne, dass sie (migrations-)gesellschaftlich vermittelt sowie selbst (Migrations-)Gesellschaft vermittelnd ist. Lehrer:innenbildung ist involviert in Differenz- und Machtverhältnisse (Messerschmidt 2016), sie ist einerseits Ausdruck dieser und andererseits ist sie beteiligt an deren Re-Produktion, Stärkung oder auch Verschiebung. »Said (1978) macht darauf aufmerksam«, so María do Mar Castro Varela, »dass Bildung nie harmlos ist, zeige diese sich doch, [sic] mit dem Politischen und Sozialen aufs engste verwoben. Es ist gerade die Invisibilisierung dieser Verflechtung, die Bildungsinstitutionen zu einer wichtigen ideologischen Arena geraten lassen.« (Castro Varela 2016: 50)

3.4 Lehrer:innen als Politiker:innen und Künstler:innen – ein Schluss

> »Das Politische wie das Pädagogische fangen an im Wissen um die Kontingenz und daher die notwendige Unmöglichkeit, die soziale Wirklichkeit definitiv zu begründen.«
> (Schäfer 2014: 204)

Im Rahmen einer funktionalistisch und technisch ausgerichteten Lehrer:innenbildung muss die in dem Zitat von Alfred Schäfer aufgerufene Verflechtung zwischen Bildung und dem Politischen in gewisser Weise unsichtbar gemacht werden, um die Idee von Reibungslosigkeit und damit verbunden von Handlungsfähigkeit durchsetzen und erhalten zu können. Die Frage nach dem Zweck hat also nur schwer einen Platz. Es ist das sog. *Technologiedefizit der Pädagogik*, das hier Irritationen und Störungen erzeugt bzw. erzeugen kann, da es die Unbestimmtheit

---

4 Die hier erfolgte Zuspitzung auf den ›einen Zweck‹ ist eine pragmatische und stilistische Verkürzung. Letztlich geht es ja gerade darum, auch die unterschiedlichen und widerstreitenden Zwecke zu beleuchten und in diesem Zusammenhang auch darauf zu reflektieren, welche von diesen sich durchsetzen und warum.

und Offenheit pädagogischen Handelns in Erinnerung ruft. Mit dem Blick auf das sog. Technologiedefizit der Pädagogik wird deutlich, dass (angehende) Lehrer:innen sich notwendig in der Kontingenz des Sozialen bewegen, also keine sicheren Handlungsanleitungen nutzen können, sondern, im Sinne eines strukturtheoretischen Ansatzes (Oevermann 1996), einen »spezifischen Umgang mit Wissen« (Meseth/Proske 2018: 27) einüben und auf diese Weise etwa versuchen müssen, »situationsangemessen[…] [zu] deuten« (ebd.). Professionelles pädagogisches Handeln ist in dieser Perspektive nicht »die regelhafte Anwendung von standardisiertem Wissen«, sondern »sinnhaft-kontextuiertes Handeln« (ebd.). In dieser Nicht-Standardisierbarkeit kommt auch das Politische der (Lehrer:innen-)Bildung zum Ausdruck:

> »Eine Nähe des Pädagogischen zum Politischen ergibt sich gerade dann, wenn man von einem postfundamentalistischen Verständnis des Politischen ausgeht. Auch hier gibt es Auseinandersetzungen um die Begründung sozialer Verhältnisse in einem Feld, in dem niemand über das letzte Kriterium verfügt, in dem daher die unterschiedlichsten Übersetzungsleistungen gefordert sind. Und auch hier ist ernsthaft von einem Politischen nur zu sprechen, wenn darauf verzichtet wird, sich einfach nur an die Logik institutionalisierter Prozesse, normierter Akteure und festgesetzter Verfahren zu klammern und diese mit einer ›wirklichen‹ Grundlegung zu sehen.« (Schäfer 2014: 204)

Auch für pädagogisches Handeln sind also Schäfer zufolge lediglich Übersetzungen möglich, beziehungsweise »Übersetzungsleistungen« notwendig, die auch als solche erkennbar bleiben müssen. Erst wenn das pädagogische Handeln nicht entlang einer quasi wesenhaften Basis oder eben eines natürlich gegebenen Zwecks strukturiert wird, wird sichtbar, inwiefern die Kämpfe um Ordnungen sich auch in Bildungs- und Professionalisierungsverhältnissen spiegeln. So wird es möglich, die jeweiligen gesellschaftlichen und situativen Bedingungen, in denen sich »sinnhaft-kontextuiertes Handeln« (Meseth/Proske 2018: 27) ereignet oder ereignen kann und auf welche das Handeln gleichzeitig zurückwirkt, zu betrachten. Es geht in diesem Zusammenhang um eine Betrachtung, durch die herausgearbeitet werden kann, zu welchem Zweck diese Sinnhaftigkeit entsteht und welche Rolle die pädagogisch Handelnden in diesem Zusammenhang einnehmen – etwa, welche Verantwortung ihnen in der Re-Produktion vorherrschender Macht- und Differenzverhältnisse zukommt. ›Das Pädagogische‹ (in) der Lehrer:innenbildung entfaltet in dieser Perspektive z.B. das Potenzial, einen systematischen Ort der Auseinandersetzung mit der von Said beschriebenen Verflechtung zu bilden – mit eben jener zuvor angesprochenen Verflechtung von Bildung mit dem Politischen und dem Sozialen (vgl. Castro Varela 2016: 50).

Durch das bereits zu Beginn meines Beitrags aufgerufene Bild von *Lehrer:innen als Künstler:innen* (Freire 1981: 88) wende ich im Grunde eine Formulierung der OECD, auf die Casale und Kolleg:innen sich nicht ohne Grund kritisch beziehen (Casale et al. 2010: 53), positiv und produktiv: nämlich die Pädagogik als Kunst zu verstehen. Dies mache ich allerdings – anders, als die Schrift der OECD andeutet – nicht, um die Pädagogik aus dem Feld ›der Wissenschaft‹ zu disqualifizieren. Vielmehr geht es mir darum, den Blick für die Bedeutung der Unbestimmtheit des Pädagogischen zu schärfen, um das Fehlen einer »Sicherheit von Ableitungen« (Schäfer 2014: 197) zu unterstreichen. Die damit einhergehende Unsicherheit gilt es aus der Sicht (angehender) Lehrer:innen nicht als Mangel, sondern als Raum für professionelle Sensibilität gegenüber singulären pädagogischen Situationen zu verstehen, als Raum für eine *Kultur des Lernens*. Denn der »prophetische Lehrer fürchtet sich nicht als Lehrer unterzugehen, weil er weiß, daß sie oder er, um wirklich ein Lehrer zu sein, sie oder er als Lernende geboren werden müssen« (Freire 1981: 95). Lehrer:innen sind Freires Überzeugung nach aber zugleich als Politiker:innen zu verstehen (Freire 1981: 88), da sie im Hinblick auf die gesellschaftlichen Verhältnisse, auf Fragen der Unterdrückung und Befreiung, eine aktive Rolle einnehmen. Im Prozess der Befreiung, so schreiben Birgit Wingenroth und Kolleg:innen über die Perspektive von Freire, »sind Erziehung und Bildung und alle, die an ihr beteiligt sind, niemals neutral. Sie sind Teil der Praxis sich selbst befreiender Menschen – oder Teil der Unterdrückung, gegen die sie sich wehren« (Wingenroth et al. 1981: 7). Erst die Auseinandersetzung mit diesem Fehlen der Neutralität verhindert die

> »unhinterfragte Wiederholung des Immergleichen, die das Neue ausschließt, die Proklamationen und Setzungen vornimmt, mit eindimensionalen Behauptungen arbeitet, die mit Naturalisierungen und Essentialisierungen sozialer Verhältnisse verbunden sein können« (Müller 2018: 183).

Lehrer:innen als Pädagog:innen zu denken, könnte mit der Stärkung dieser Idee von Lehrer:innen als Politiker:innen und Künstler:innen einhergehen, worin ohne Frage selbst ein ausgewähltes »*normativ aufgeladene[s] Leitbild für den Lehrberuf*« (Terhart 2012a: 59) deutlich wird – das umkämpft bleibt und bleiben muss. Dieses Leitbild und die Kämpfe darum sollen aber im Rahmen der Lehrer:innenbildung nicht außer Frage stehen, sondern etwa in den bildungswissenschaftlichen Anteilen der Studiengänge, aber auch in den Fächern und Fachdidaktiken zum Thema werden. Die Frage nach dem Zweck könnte in gewisser Weise in das Herz ›des Pädagogischen‹ der Lehrer:innenbildung hineinführen.

Literatur

Böhme, J., Cramer, C. & Bressler, C. (2018): Erziehungswissenschaft und Lehrerbildung im Widerstreit!?: Verhältnisbestimmungen, Herausforderungen und Perspektiven. Bad Heilbrunn: Klinkhardt.

Casale, R., Röhner, C., Schaarschuch, A. & Sünker, H. (2010): Entkopplung von Lehrerbildung und Erziehungswissenschaft: Von der Erziehungswissenschaft zur Bildungswissenschaft. Erziehungswissenschaft, 21 (41), 43–66.

Castro Varela, M. d. M. (2016): Von der Notwendigkeit eines epistemischen Wandels. In: T. Geier & K. U. Zaborowski (Hrsg.), Migration: Auflösungen und Grenzziehungen. Perspektiven einer erziehungswissenschaftlichen Migrationsforschung (S. 43–59). Wiesbaden: Springer VS.

Castro Varela, M. d. M. (2020): Einleitung: Postkoloniale Pädagogik? Tertium Comparationis. Journal für International und Interkulturell Vergleichende Erziehungswissenschaft 26, H. 1, Sonderheft »Postkoloniale Perspektiven auf Erziehungs- und Bildungswissenschaften«, S. 1–8.

Castro Varela, M. d. M. (2022): Schule, Nationalstaat und die Vermittlung von Herrschaftswissen Postkoloniale Betrachtungen. In: O. Ivanova-Chessex, S. Shure & A. Steinbach

(Hrsg.), Lehrer*innenbildung – (Re-)Visionen für die Migrationsgesellschaft (S. 26–49) Weinheim: Beltz.
Cramer, C. (2018): Zum Verhältnis von Erziehungswissenschaft und Lehrerbildung. Implikationen für die Professionalität im Lehrerinnen- und Lehrerberuf. In: J. Böhme, C. Cramer & C. Bressler (Hrsg.), Erziehungswissenschaft und Lehrerbildung im Widerstreit!?: Verhältnisbestimmungen, Herausforderungen und Perspektiven (S. 103–118). Bad Heilbrunn: Klinkhardt.
Dirim, İ. & Mecheril, P. (2018): Heterogenität, Sprache(n), Bildung: Die Schule der Migrationsgesellschaft. Bad Heilbrunn: UTB.
Doğmuş, A., Karakaşoğlu, Y., Mecheril, P. & Shure, S. (2018): Die Lehrerinnen- und Lehrerbildung der Migrationsgesellschaft im Spiegel von Modulbeschreibungen. Eine qualitativ-interpretative Analyse. In T. Leonhard, J. Kosinár & C. Reintjes (Hrsg.), Institutionelle Praktiken und Orientierungen in der Lehrerinnen- und Lehrerbildung. Potentiale und Grenzen der Professionalisierung (S. 120–138). Bad Heilbrunn: Klinkhardt.
Fend, H. (1980): Theorie der Schule. München, Wien & Baltimore: Urban & Schwarzenberg.
Freire, P. (1973): Pädagogik der Unterdrückten. Bildung als Praxis der Freiheit. Reinbek b. Hamburg: Rowohlt.
Freire, P. (1981): Der Lehrer ist Politiker und Künstler: neue Texte zu befreiender Bildungsarbeit. Reinbek b. Hamburg: Rowohlt.
Geier, T. & Zaborowski, K. U. (2016): Migration: Auflösungen und Grenzziehungen: Perspektiven einer erziehungswissenschaftlichen Migrationsforschung. Wiesbaden: VS Verlag.
Giroux, H. A. (2011): On critical pedagogy. New York: Continuum International Publishing Group.
Gottuck, S., Ivanova-Chessex, O., Shure, S. & Steinbach, A. (2022): (Un-)Erschütterbare Fundamente? Normativitätstheoretische Überlegungen zu Schule und Lehrer*innenbildung. In: O. Ivanova-Chessex, S. Shure & A. Steinbach (Hrsg.), Lehrer*innenbildung – (Re-)Visionen für die Migrationsgesellschaft (S. 154–166). Weinheim: Beltz.
Harant, M. (2016): Der Beitrag der wissenschaftlichen Pädagogik für eine sich konstituierende Bildungswissenschaft. Eine hermeneutische Reflexion. Pädagogische Korrespondenz, 53 (1), 4–25.
Haraway, D. (1995): Die Neuerfindung der Natur. Primaten, Cyborgs und Frauen. In: C. Hammer & I. Stieß (Hrsg.). Frankfurt a. M. & New York: Campus Verlag.
Heidrich, L., Karakaşoğlu, Y., Mecheril, P. & Shure, S. (2021): School and teacher education challenged by transnational constellations. An introduction. In: L. Heidrich, Y. Karakaşoğlu, P. Mecheril & S. Shure (Hrsg.), Regimes of Belonging – Schools – Migrations. Teaching in (Trans)National Constellations (S. 1–24). Wiesbaden: Springer VS.
hooks, b. (1994): Teaching to Transgress: Education as a Practice of Freedom. New York & London: Routledge.
Karakaşoğlu, Y. & Mecheril, P. (2019): Pädagogisches Können. Grundsätzliche Überlegungen zu LehrerInnenbildung in der Migrationsgesellschaft. In D. Cerny & M. Oberlechner (Hrsg.), Schule – Gesellschaft – Migration. Beiträge zur diskursiven Aushandlung des schulischen Lern- und Bildungsraums aus theoretischer, empirischer, curricularer und didaktischer Perspektive (S. 17–32). Opladen [u. a.]: Barbara Budrich.
KMK (2004): Standards für die Lehrerbildung: Bildungswissenschaften. Beschluss der Kultusministerkonferenz. Bonn: KMK.
KMK (2019): Standards für die Lehrerbildung: Bildungswissenschaften. Beschluss der Kultusministerkonferenz. Bonn: KMK.
Kunina-Habenicht, O. & Terhart, E. (2020): Erziehungswissenschaft und Bildungswissenschaften im Lehramtsstudium aus der Sicht der empirischen Lehrerbildungsforschung. Erziehungswissenschaft, 31 (60), 41–50.
Mecheril, P. (2004): Einführung in die Migrationspädagogik. Weinheim & Basel: Beltz.
Mecheril, P. (2014): Kritik als Leitlinie (migrations)pädagogischer Forschung. In: A. Ziegler & E. Zwick (Hrsg.), Theoretische Perspektiven der modernen Pädagogik (Bd. 26: Reform und Innovation. Beiträge pädagogischer Forschung; S. 159–174). Berlin: Lit Verlag.

Mecheril, P. (2015): Es bleibt anders. Kämpfe um die (Pädagogik der) Migrationsgesellschaft. In: M. Ziese & C. Gritschke (Hrsg.), Geflüchtete und Kulturelle Bildung. Formate und Konzepte für ein neues Praxisfeld (S. 101–106). Bielefeld: transcript.

Mecheril, P., Castro Varela, M. d. M., Dirim, İ., Kalpaka, A. & Melter, C. (Hrsg.) (2010): Migrationspädagogik – BACHELOR / MASTER. Weinheim & Basel: Beltz.

Mecheril, P. & Hoffarth, B. (2011): Ironie. Erkundung eines vergnüglichen Bildungsereignisses. In: A. Aßmann & J. O. Krüger (Hrsg.), Ironie in der Pädagogik. Theoretische und empirische Studien zur pädagogischen Bedeutsamkeit der Ironie (S. 25–48). Weinheim & München: Juventa Verlag.

Mecheril, P. & Shure, S. (2018): Schule als institutionell und interaktiv hervorgebrachter Raum. In: İ. Dirim, P. Mecheril, A. Heinemann, N. Khakpour, M. Knappik, S. Shure, N. Thoma, O. Thomas-Olalde & A. J. Vorrink (Hrsg.), Heterogenität, Sprache(n), Bildung: Die Schule der Migrationsgesellschaft (S. 63–89). Bad Heilbronn: Klinkhardt.

Mecheril, P., Thomas-Olalde, O., Melter, C., Arens, S. & Romaner, E. (2013): Migrationsforschung als Kritik? Spielräume kritischer Migrationsforschung. Wiesbaden: VS Verlag.

Meseth, W. & Proske, M. (2018): Das Wissen der Lehrerbildung zwischen Wissenschafts- und Praxisorientierung. In: J. Böhme, C. Cramer & C. Bressler (Hrsg.), Erziehungswissenschaft und Lehrerbildung im Widerstreit!? Anfragen an das Verhältnis der Disziplin Erziehungswissenschaft zur Aufgabe der Lehrerbildung (S. 19–43). Bad Heilbrunn: Klinkhardt.

Messerschmidt, A. (2009): Weltbilder und Selbstbilder. Bildungsprozesse im Umgang mit Globalisierung, Migration und Zeitgeschichte. Frankfurt am Main: Brandes & Apsel.

Messerschmidt, A. (2016): Involviert in Machtverhältnisse. In: A. Doğmuş, Y. Karakaşoğlu & P. Mecheril (Hrsg.), Pädagogisches Können in der Migrationsgesellschaft (S. 59–70). Wiesbaden: Springer VS.

Müller, S. (2018): Reflexivität als Bezugsproblem der Lehrerbildung. In J. Böhme, C. Cramer & C. Bressler (Hrsg.), Erziehungswissenschaft und Lehrerbildung im Widerstreit!?: Verhältnisbestimmungen, Herausforderungen und Perspektiven (S. 173–185). Bad Heilbrunn: Klinkhardt.

Oevermann, U. (1996): Theoretische Skizze einer revidierten Theorie professionalisierten Handelns. In: A. Combe & W. Helsper (Hrsg.), Pädagogische Professionalität. Untersuchungen zum Typus pädagogischen Handelns (S. 70–183). Frankfurt a. M.: Suhrkamp.

Ohm & Shure (2022): Beratung als Raum reflexiver Professionalisierung. Überlegungen zu Unbestimmtheit und (migrations-)gesellschaftlicher Vermitteltheit. Zeitschrift für Schul- und Professionsentwicklung. 3/22, 79–93.

Pasternack, P., Baumgarth, B., Burkhardt, A., Paschke, S. & Thielemann, N. (2017): Drei Phasen. Die Debatte zur Qualitätsentwicklung in der Lehrer_innenbildung. Bielefeld: Bertelsmann.

Pongratz, L. (2014): Die Austreibung der Bildung aus den Bildungswissenschaften. In: H. Bierbaum, C. Bünger, Y. Kehren & U. Klingovsky (Hrsg.), Kritik – Bildung – Forschung. Pädagogische Orientierungen in widersprüchlichen Verhältnissen (S. 73–89). Opladen: Barbara Budrich.

Rangger, M. (2021): *Nie wieder* und das Politische von Bildung. Migrationsgesellschaftliche Anfragen an eine politische Bildungstheorie. In: L. Gensluckner, M. Ralser, O. Thomas-Olalde & E. Yildiz (Hrsg.), Die Wirklichkeit lesen. Political Literacy und politische Bildung in der Migrationsgesellschaft (S. 93–114). Bielefeld: transcript.

Rommelspacher, B. (1995): Dominanzkultur: Texte zu Fremdheit und Macht. Berlin: Orlanda Frauenverlag.

Schäfer, A. (2014): Vom Wissen des Pädagogischen. In: M. P. Schwartz, W. Ferchhoff & R. Vollbrecht (Hrsg.), Professionalität – Wissen – Kontext. Sozialwissenschaftliche Analysen und pädagogische Reflexionen zur Struktur bildenden und beratenden Handelns (S. 197–205). Bad Heilbrunn: Klinkhardt.

Shure, S. (2016): Die Schule als Agens eines Integrationsdispositivs? Anmerkungen aus der Perspektive einer kritischen (erziehungswissenschaftlichen) Migrationsforschung. Zeitschrift SEMINAR, Lehren und Lernen mit Migrationshintergrund, 4/16, 27–41.

Shure, S. (2021): De_Thematisierung migrationsgesellschaftlicher Ordnungen. Lehramtsstudium als Ort der Bedeutungsproduktion. Weinheim: Beltz.

Terhart, E. (2012a): Vom pädagogischen Begleitstudium zu den Bildungswissenschaften in der Lehrerinnen- und Lehrerbildung. Themen und Trends. Beiträge zur Lehrerbildung, 30(1), 49–61.

Terhart, E. (2012b): »Bildungswissenschaften«: Verlegenheitslösung, Sammelkategorie, Kampfbegriff? Zeitschrift für Pädagogik, 58 (1), 22–39.

Vogel, D. & Karakaşoğlu, Y. (2021): Transnationally Mobile students and the ›Grammar‹ of Schooling. In: L. Heidrich, Y. Karakaşoğlu, P. Mecheril & S. Shure (Hrsg.), Regimes of Belonging – Schools – Migrations. Teaching in (Trans)National Constellations (S. 203–220). Wiesbaden: Springer VS.

Wiater, W. (2012): Theorie der Schule. Prüfungswissen – Basiswissen Schulpädagogik. Donauwörth: Auer Verlag.

Wingenroth, B., Beck, J., Schmipf-Herken, I. & Schulze, H. (1981): Einleitung. In: P. Freire, P. (Hrsg.), Der Lehrer ist Politiker und Künstler: neue Texte zu befreiender Bildungsarbeit (S. 7–11). Reinbek b. Hamburg: Rowohlt.

4 Migrationsbezogene Mehrsprachigkeit und Deutsch als Zweitsprache in der Schule

Andrea Daase

Einleitung

Mehrsprachigkeit – gesellschaftlich wie individuell – ist ein seit langem nicht mehr zu leugnender Faktor in der heutigen globalisierten und von Migration geprägten Welt und damit auch in Deutschland. Ein (auch historischer) Blick auf die sprachliche Architektur der Welt zeigt, dass Mehrsprachigkeit den Normalfall und Einsprachigkeit die Ausnahme darstellt. Seit langem ist aus empirischen Studien in der Mehrsprachigkeits- und Zweitspracherwerbsforschung bekannt, dass mehrsprachiges Aufwachsen mit (einer) weiteren Erstsprache(n) neben dem – in unserem Fall – Deutschen und die Aneignung des Deutschen als Zweitsprache für sich gesehen kein Problem darstellen. Vielmehr ist Mehrsprachigkeit an sich, insbesondere bezogen auf unsere globalisierte Welt, als Ressource zu sehen. So gilt Mehrsprachigkeit als europäisches Bildungsziel, was sich in der Forderung des Europarates niederschlägt, dass alle Europäer:innen über mindestens drei Sprachen (die jeweilige Erstsprache und zwei weitere) verfügen sollten (Europarat 2002: 19).

Dennoch hält sich vor allem in der Schule die Wahrnehmung von Mehrsprachigkeit als Sonderfall und Herausforderung, gilt mehrsprachiges Aufwachsen in Deutschland immer noch als Risikofaktor in Bezug auf Bildungserfolg. Gleichwohl ist auch zu konstatieren, dass inzwischen eine noch verhaltene, jedoch nicht vollständig von einem normativen Verständnis von Einsprachigkeit losgelöste Öffnung gegenüber sprachlicher Vielfalt sowie der diesbezüglichen Verantwortung von Schule und Lehrpersonen auszumachen ist. Dies wurde u. a. angeregt durch die Arbeit und die Ergebnisse des BLK-Programms FörMig (Förderung von Kindern und Jugendlichen mit Migrationshintergrund, 2009 bis 2013), dessen Ziel die Entwicklung eines Gesamtkonzeptes sprachlicher Bildung für eine mehrsprachige Schüler:innenschaft war, wie auch durch die jüngsten Fluchtmigrationsbewegungen nach Deutschland 2015 aus Syrien und Afghanistan sowie 2022 aus der Ukraine.

Ausgehend von einem weiten Mehrsprachigkeitsbegriff, wie er mittlerweile in den einschlägigen Disziplinen vertreten wird, diskutiert dieser Beitrag zunächst den für die sprachlichen Verhältnisse in Migrationsgesellschaften sowie die daraus resultierende migrationsbedingte Mehrsprachigkeit von Kindern und Jugendlichen verwendeten Begriff der lebensweltlichen Mehrsprachigkeit. Kap. 4.2 fokussiert die individuelle Entwicklung der Zweitsprache Deutsch in der Migrationsgesellschaft, um basierend darauf in Kap. 4.3 Aufgaben und Verantwortlichkeit von Schule für den Ausbau sprachlicher Vielfalt sowie einige dafür geeignete Ansätze und Konzepte zu skizzieren. Der Beitrag endet mit einem kritischen Fazit zu den Herausforderungen im Feld.

4.1 Mehrsprachigkeit

4.1.1 Theoretische Grundlagen

Mehrsprachigkeit war und ist weltweite Praxis und Normalität. Auch in Deutschland, welches z.T. immer noch in einem nationalstaatlich geprägten Verständnis (▶ Kap. 1) als einsprachig gesehen wird, ist Mehrsprachigkeit kein neues Phänomen, sondern die Regel. Unterschieden wird zwischen individueller Mehrsprachigkeit (*plurilingualism*) und gesellschaftlicher Mehrsprachigkeit bzw. Vielsprachigkeit (*multilingualism*), die auch eine institutionelle Mehrsprachigkeit impliziert. Gemäß dem Verständnis des Sammelbandes und seiner Einbettung in eine Reihe, die sich an einer gedachten Bildungsbiografie über verschiedene Lebensphasen hinweg orientiert, wird hier vor allem auf den Aspekt der individuellen Mehrsprachigkeit fokussiert, welche Zweisprachigkeit einschließt. Dabei ist allerdings zu konstatieren, dass eine strikte Trennung dem im Folgenden dargestellten Verständnis von Mehrsprachigkeit widerspricht, sodass gesellschaftliche Aspekte nicht komplett ausgespart werden können und sollen.

Neben ihrer Wahrnehmung und vor allem Behandlung als Sonderfall (sog. Lingualitätsdiskursen, vgl. Knappik 2016) bezieht sich ein weiterer Mythos hinsichtlich Mehrsprachigkeit auf die notwendigen sprachlichen Kompetenzen von Menschen, um diese als mehrsprachig bezeichnen zu können. Während in der Wissenschaft die Definition von Bloomfield (1953: 55 f.) im Sinne von »native-like control of two languages«, also von Mehrsprachigkeit als (perfekt angenommenen) muttersprachlichen Fähigkeiten gleichender Kontrolle von zwei Sprachen (entsprechend erweitert auf mehrere Sprachen) als überholt gilt, ist diese Definition in der Gesellschaft und vor allem auch im Bildungssystem nach wie vor weit verbreitet und wirkmächtig. Damit einher geht der Vergleich der Kompetenzen von Mehrsprachigen in den einzelnen Sprachen mit einer als Norm gesetzten, vermeintlich perfekten Kompetenz von imaginierten *Muttersprachler:innen*, woraus sich auch ein falsches Verständnis von Mehrsprachigen als Summe zweier (oder mehrerer) voneinander isolierter vollständiger bzw. unvollständiger Einsprachiger ergibt (Grosjean 1989: 3).

In den letzten Jahrzehnten hat sich dahingegen in weiten Teilen der Mehrsprachigkeits- und Zweitspracheneignungsforschung wie auch der Soziolinguistik das Verständnis eines individuellen, integrierten und dynamischen sprachlichen Repertoires durchgesetzt, das sich aus den Sprachen bzw. sprachlichen Varietäten (z.B. Dialekte) eines Menschen zu einem bestimmten Zeitpunkt zusammensetzt (vgl. u.a. Grosjean 1989; Herdina & Jessner 2002; Busch 2021). Grosjean (2020: 14 f.) spricht dementsprechend vom Komplementaritätsprinzip, nach dem der Sprachgebrauch erfolgt:

> »Zwei- oder Mehrsprachige erwerben und nutzen ihre Sprachen in unterschiedlichen Situationen, in Auseinandersetzung mit verschiedenen Personen, zu vielfältigen Zwecken. Es existieren Domänen oder Aktivitäten, die den Gebrauch mehrerer Sprachen zulassen; andere Domäne wiederum sind ausschließlich einer Sprache vorbehalten.«

Unsere sprachlichen Ressourcen sind demnach in unsere Biografie eingebettet (Blommaert 2020: 193, vgl. auch Wandruszka 1979: 41). Das heißt, die Struktur unserer gesamten sprachlichen Ressourcen spiegelt unsere individuellen Geschichten bis zum aktuellen Zeitpunkt sowie jene der verschiedenen Gruppen gemeinsamer Praxis (*communities of practice*), in und mit denen wir bislang unser Leben verbracht haben. Damit stellen unsere jeweiligen sprachlichen Ressourcen immer bestimmte Teilressourcen dar – dies gilt auch für vermeintlich einsprachige Menschen (s. u.). Laut Blommaert (2010: 103) ist grundsätzlich bei allen Menschen – und damit auch bei Erstsprachler:innen[1] – von *truncated repertoires*, also beschränkten Repertoires verglichen mit den umfassenden Möglichkeiten von Kenntnissen einer Sprache, auszugehen:

> »No one knows all of a language. That counts for our so-called mother tongues and, of course, also for the other ›languages‹ we acquire in our lifetime. Native speakers are not perfect speakers. Hymes emphatically warns us against the ›fallacy to equate the resources of a language with the resources of (all) users‹ (Hymes 1996: 231).« (ebd.)

Aus dem bis hierhin Dargestellten ergibt sich ein funktionales Verständnis von Mehrsprachigkeit, welches von variierenden Kompetenzen in den einzelnen Sprachen (Oksaar 1980: 43) und deren vielfältigen Erwerbsmodalitäten[2] und Startzeitpunkten (*age of onset*) ihrer Aneignung ausgeht, und die Fähigkeit meint,

> »in zwei (oder mehr) Sprachen bedeutungsvolle Äußerungen zu erzeugen; das Verfügen über wenigstens eine sprachliche Teilkompetenz (Lesen, Schreiben, Sprechen, Hören) in einer anderen Sprache oder der wechselnde Gebrauch mehrerer Sprachen. Als Zwei- bzw. Mehrsprachige werden diejenigen betrachtet, die im Alltag zwei oder mehr Sprachen (oder auch Dialekte) nutzen.« (Grosjean 2020: 14)

Dabei sind die Sprachen eines mehrsprachigen Individuums auf individuelle, dynamische und hochkomplexe Weise miteinander verbunden und beeinflussen sich gegenseitig (Ballweg 2019: 268), sodass Mehrsprachigkeit und mehrsprachige Kompetenzen immer mehr sind als die Summe ihrer Teile.

---

1 Umgangssprachlich wird in der Regel der Begriff der Muttersprache verwendet, während sich in der Mehrsprachigkeits- und Zweitsprachaneignungsforschung der Begriff der Erstsprache (L1 für Language 1) durchgesetzt hat. Generell sollte der Begriff der Muttersprache mit Bedacht gewählt werden, da ihm ggf. nichtzutreffende Normalitätsvorstellungen zugrunde liegen. Einerseits verweist Muttersprache auf eine (ggf. nicht vorhandene) emotionale Bedeutung, andererseits ist ihm keine Aussage zur Kompetenz des jeweiligen Individuums zu entnehmen – was allerdings ebenso auf Begriffe wie Zweit- oder Fremdsprache zutrifft.

2 Damit ist die Aneignung einer Sprache als Erst-, Zweit- oder Fremdsprache gemeint. Mehrsprachig sind damit auch Personen, die sich im Erwachsenenalter weitere Sprachen angeeignet haben und diese in ihrem Alltag verwenden – und nicht nur jene, die von Geburt an mit mehr als einer Sprache aufgewachsen sind.

Diese Darstellungen verweisen auf ein breites Verständnis von Mehrsprachigkeit, welche nicht nur nationalstaatlich definierte unterschiedliche Sprachen (s. u.) einbezieht und vor allem für schulische Kontexte besonders produktiv ist (▶ Kap. 4.3). Im Fokus aktueller Definitionen stehen nicht mehr die jeweilige Kompetenz der einzelnen Sprachen oder die Kompetenzen in ihrem Verhältnis zueinander, sondern die »use dimension«, (Cenoz 2013: 6). Die Verwendung der Sprachen im Alltag der Individuen, wie sie auch in den obigen und vergleichbaren Definitionen zum Ausdruck kommt, gilt somit als Hauptcharakteristikum von Mehrsprachigkeit. Damit haben sich in der Mehrsprachigkeitsforschung neben einer atomistischen Sicht und entsprechend isoliert behandelter Forschungsgegenstände (z.B. Wortschatzentwicklung, Aneignung bestimmter syntaktischer Strukturen oder Untersuchung lediglich einer der vorhandenen Sprachen) ein ganzheitliches Verständnis und damit verbunden neue Erkenntnisinteressen herausgebildet (Cenoz 2013: 10).

Der Fokus auf dem Gebrauch, der Verwendung von Sprachen in ihren jeweiligen Kontexten und Situationen ist anschlussfähig an soziokulturelle Theorien der Zweitspracheneignung (vgl. u. a. Lantolf & Thorne 2006), die sich seit den 1990er Jahren im angloamerikanischen Raum entwickelt haben. Sie gewinnen in den letzten Jahren auch in Deutschland an Einfluss (vgl. u. a. Daase 2018: 88 ff.; Ohm 2021a). In ihnen wird der sozio-historische Kontext als konstitutiv für Sprache, Sprachaneignung und die in sie verwickelten Individuen betrachtet. Damit legen sie ein Verständnis von Sprache und Sprachaneignung als sozialer Praxis zugrunde, welches auch die Beachtung von Hierarchien und Machtverhältnissen sowie wirkmächtigen Diskursen in der Gesellschaft einbezieht. Ein solches Verständnis von Sprache, Mehrsprachigkeit und Sprachaneignung bietet sich insbesondere für die Betrachtung eines (mehrsprachigen) Aufwachsens in Migrationsgesellschaften und der schulischen Sozialisierung in ihren – weitestgehend noch monokulturell und monolingual ausgerichteten – Bildungsinstitutionen an. Anschlussfähig daran sind auf den Gegenstandsbereich bezogene migrationspädagogische Forschung (vgl. u. a. Mecheril 2010), eine diversitätssensible Schulentwicklung sowie eine heterogenitätssensible Lehramtsausbildung (vgl. Doğmuş & Karakaşoğlu 2017), weswegen sich soziokulturelle Theorien der Zweitspracheneignung insbesondere auch für interdisziplinäre Forschungsvorhaben und Projekte anbieten.

Ein weiter Mehrsprachigkeitsbegriff bezieht die innere Mehrsprachigkeit ein (Wandruszka 1979), also z.B. das Sprechen von Dialekten und Soziolekten. Nach Maas (2008: 43) ist der Gebrauch von Sprache(n) funktional an spezifische situative Räume gebunden und innere wie auch äußere Mehrsprachigkeit in der Registerdifferenzierung verankert. Der Registerbegriff verweist auf die unterschiedlichen Arten der Sprachverwendung, die wir je nach Kontext wählen bzw. als angemessen erachten. Unter dem sozialen Kontext wird dabei die Situation selbst im engeren wie weiteren Sinne verstanden, dies umfasst die Gesprächspartner:innen und ihre Beziehungen zueinander (auch Hierarchien und Machtverhältnisse), das Thema der Kommunikation und der Modus der Sprachverwendung (Organisation des Textes, Funktion der Sprache, Mündlichkeit/Schriftlichkeit) (Schleppegrell 2004: 47). In diesem Verständnis sind alle Schüler:innen mehrsprachig, was im Folgenden auch in seiner Bedeutung noch weiter ausdifferenziert wird.

4.1.2 Lebensweltliche vs. bildungsidealisierte Mehrsprachigkeit

Lebensweltliche Mehrsprachigkeit (Gogolin 1988) wurde ursprünglich als Gegenbegriff zu einer vermeintlichen doppelten Halbsprachigkeit[3] vorgeschlagen und ist durchaus mit dem in 4.1.1 dargestellten Verständnis von Mehrsprachigkeit im Einklang. Mittlerweile hat sich der Begriff insbesondere in Abgrenzung zu einer durch (schulischen) Fremdsprachenunterricht angestrebten oder erreichten Mehrsprachigkeit im Sinne von Kompetenzen in einzelnen voneinander abgrenzbaren Sprachen durchgesetzt und wird zur Beschreibung mehrsprachiger Verhältnisse und Kompetenzen von migrationsbedingt mehrsprachigen Schüler:innen verwendet. Somit werden in Schule bzw. in Bildungsinstitutionen zwei Arten von Mehrsprachigkeit voneinander unterschieden und damit gleichzeitig auf- bzw. abgewertet.[4] In Konsequenz wird der monolinguale Habitus[5] von Schule weiter aufrecht erhalten – und dies ausgerechnet unter Verwendung eines Begriffes, der ursprünglich dazu beitragen sollte, einen Gegendiskurs zu eben diesem Habitus zu initiieren.

Wie wirkmächtig der monolinguale Habitus in Diskursen über Sprache und Sprecher:innen in Bildungskontexten auf junge Menschen immer noch ist, zeigt Pokitsch (2022) in ihrer Studie zu sprachbezogenen Subjektivierungsprozessen in der Schule der Migrationsgesellschaft. Durch die Verknüpfung von (Bildungs-)Diskursen mit sprachbezogenen Selbst-Positionierungen in Gruppendiskussionen mit Schüler:innen rekonstruiert sie drei Modellsubjekt-Positionen:

1. die minorisierte Subjektposition *lebensweltlich mehrsprachig* (»Die Bildungsverlierer:innen«);
2. die superiorisierte Subjektposition *bildungsidealisiert mehrsprachig* (»Die Bildungsgewinner:innen«) und
3. die normalisierte Subjektposition (»Die Norm«) *normalisiert einsprachig*.

Die ersten beiden Subjektpositionen stehen sich diametral gegenüber, die dritte Position hingegen gilt als Grundlage der Erweiterung schulischer Sprachbildung und somit als Zwischenschritt von der lebensweltlichen zur angestrebten bildungsidealisierten Mehrsprachigkeit (ebd.: 378). Letztere unterscheidet sich in dreifacher Weise von der lebensweltlichen Mehrsprachigkeit: »Erstens durch die Sprachen, die in dieser Subjektposition (nicht) inkludiert werden; zweitens hinsichtlich Sprachaneignungsbedingungen und -ziele und drittens durch die daran

---

[3] Der Begriff bzw. Mythos der doppelten Halbsprachigkeit ergab sich aus einer Fehlinterpretation und Vermischung der Schwellenniveauhypothese sowie der Interdependenzhypothese (Cummins 2000: 176), die beide nicht belegt bzw. nicht empirisch belegbar sind, und ist trotz nachdrücklichen Widerspruchs aus der Wissenschaft nach wie vor in Bildungsinstitutionen anzutreffen.

[4] Ich beziehe mich hier auf den Gebrauch und die Auswirkungen in schulischen Kontexten, nicht auf die Forschung.

[5] Mit diesem Begriff benannte Ingrid Gogolin (1994) die Haltung der Institution Schule in ihrer Ausrichtung auf Einsprachigkeit als Norm, wodurch die Mehrsprachigkeit ihrer Schüler:innen als Problem erscheint.

gebundenen Vorstellungen hoher und zertifizierter (Einzel-)Sprachkompetenzen.« (ebd.)

Damit wird deutlich, dass auch der Begriff der lebensweltlichen Mehrsprachigkeit in seiner aktuellen Verwendung dem monolingualen Habitus verpflichtet ist. Mit dem Verweis auf die biographische Verwicklung von (Mehr-)Sprachigkeit und die sprachlichen Kompetenzen von Individuen sowie deren innere Mehrsprachigkeit bräuchte es einen umfassenderen Begriff für jegliche Formen von Redevielfalt als sprachlicher Vielfalt im Gebrauch. Insbesondere in soziolinguistisch und poststrukturalistisch geprägten Studien wird daher auf den von Bachtin (1979) verwendeten Begriff der *Heteroglossie*, zurückgegriffen, der »die vielschichtige und facettenreiche Differenzierung, die lebendiger Sprache innewohnt« (Busch 2021: 11), beschreibt. Damit liegen der Fokus und Ausgangspunkt nicht auf Sprachen, sondern auf dem einzelnen historisch-biographischen Individuum, welches sich als soziales Wesen in diversen *communities of practice* heteroglossischer Sets sprachlicher Ressourcen bedient, um die soziale Welt zu verhandeln (Bailey 2012: 504). Zudem bezieht *Heteroglossie* intrasprachliche soziale Variationen genauso mit ein wie die soziale und politische Beschaffenheit von Sprache[6] (ebd.: 499f) und ermöglicht eine Sicht auf mehrsprachige Verhältnisse, die alle Schüler:innen einschließt, ohne Gefahr zu laufen, einen vermeintlich monolingualen Alltag normativ zu setzen (vgl. Daase 2017).

Damit würde eine Stigmatisierung (migrationsbedingt) mehrsprachiger Kinder und Jugendlicher (▶ Kap. 4.2) allein durch ihre sprachliche »Verbesonderung« (Dirim & Pokitsch 2017) unterbleiben. Zwar stellt dies wahrlich noch keine Garantie dafür dar, dass entsprechende Praktiken in Schule zum Erliegen kommen, basierend auf dem oben dargestellten Verständnis von Sprache als soziale Praxis dienen Begriffe, Kategorien und Zuschreibungen jedoch der Reproduktion und Beibehaltung von existierenden Macht- und Wissensstrukturen und sind damit mit Bedacht zu wählen: Sprache fungiert im einem Verständnis von Diskursen als »Praktiken [...], die systematisch die Gegenstände bilden, von denen sie sprechen« (Foucault 1981: 74) und stellt damit ein »Mittel der Herstellung und Artikulation gesellschaftlicher Anerkennung« (Dirim & Mecheril 2010: 100) bzw. der Verweigerung von Anerkennung dar. Die Verwendung des Begriffes *Heteroglossie* könnte die dichotome Abgrenzung von lebensweltlicher und bildungsidealisierter Mehrsprachigkeit[7] ablösen und damit zu einem holistischeren und differenzsensibleren Mehrsprachigkeitsverständnis beitragen bzw. der Kategorisierung der entsprechenden Individuen entgegentreten.

---

[6] Damit ist die Sedimentierung sozialer Aspekte in Sprache ebenso gemeint wie ein Verständnis von Sprache als Mittel zur Machtausübung oder um Hierarchien zum Ausdruck zu bringen, z.B. durch die Verwendung bestimmter Begriffe zur Bezeichnung von sozialen Gruppen (siehe z.B. die Verwendung des Begriffes DaZ im nächsten Abschnitt).

[7] Krumm (2014) spricht auch von Armuts- und Elitemehrsprachigkeit.

4.2 (Zweit-)Sprachaneignung im Kontext von Migration

Die scheinbar klare Abgrenzung zwischen (ungesteuertem) Zweitspracherwerb und (gesteuertem) Fremdsprachenlernen ist in pädagogischen Kontexten zwar immer noch weit verbreitet. Sie kann jedoch mittlerweile aufgrund der veränderten Möglichkeiten, Kontexte und Bedingungen und daraus resultierender komplexer und oft kombinierter Sprachaneignungsprozesse weiterer Sprachen nicht mehr aufrechterhalten werden. Auch wenn sich die wissenschaftlichen Disziplinen der Fremdsprachen- und Zweitsprachenerwerbsforschung seit langem von ihr abgewandt haben (vgl. Edmondson 1999; Königs 2010: 754f.), ist sie in der Praxis durchaus noch anzutreffen. So wird häufig noch angenommen, dass der Erwerb einer Sprache (auch) außerhalb unterrichtlicher Settings zwangsläufig zu einer fehlerhaften Verwendung bzw. unzureichenden Kompetenzen führt. Seit einigen Jahren vollzieht sich im amtlich deutschsprachigen Raum[8] ein Wechsel hin zum Aneignungsbegriff (vgl. u.a. Ahrenholz 2008: 9; Königs 2010: 755), der sowohl Erwerb als auch Lernen von Sprachen impliziert bzw. eine Reaktion auf die Unmöglichkeit der klaren Unterscheidung beider Prozesse darstellt. Im erweiterten Verständnis soziokultureller Theorien grenzt sich Aneignung (*appropriation*) klar von assimilatorischen Lernprozessen ab. Vielmehr geht es darum, sich sprachliche Mittel zu eigen zu machen, die zuvor von anderen Menschen in anderen Kontexten verwendet wurden (Bakhtin 1981/2006: 294), und sie für die eigenen Bedürfnisse und Ziele einzusetzen. Diese Sichtweise bündelt sich im Ansatz des *Empowerment* durch Sprache:

> »Sprache ist eine politische Institution: Diejenigen, die sich mit ihr auskennen, die in der Lage sind, sie zu nutzen, um wichtige persönliche und gesellschaftliche Ziele zu gestalten und zu erreichen, sind diejenigen, die ›empowered‹ (um ein Modewort zu verwenden) sind: imstande, nicht nur effektiv an der Welt teilzunehmen, sondern auch auf sie einzuwirken, in dem Sinne, dass sie einen bedeutenden sozialen Wandel anstreben können.« (Halliday 1989: x, Übers. A. D.)

Der im Rahmen soziokultureller Theorien ebenfalls favorisierte Begriff der Sprachsozialisierung (*language socialization*) konnte sich hierzulande nicht durchsetzen, würde sich aber insbesondere auch für eine differenzsensible schulische Bildung anbieten, die sich nicht als Gegensatz zu Familie und Lebenswelten versteht. Menschen werden in eine Gemeinschaft und deren Sprachverwendung sozialisiert, indem sie sich vor allem durch Sprachverwendung in der sprachlichen Interaktion implizit wie explizit verbal formulierte Werte, Verhaltensweisen und soziale Praktiken dieser Gemeinschaft aneignen. Der Ansatz der Sprachsozialisierung unterscheidet sich von einem lediglich auf einseitige Anpassung zielenden Sozialisationsbegriff, da sprachliche Anpassung nicht nur beim lernenden Subjekt erfolgt, sondern eine veränderte Sprachverwendung auch für die aufnehmende

---

8 »Dieser Begriff wird als Ersatz für den Begriff ›deutschsprachige Länder‹ verwendet, der zwar verbreitet, aber nicht zutreffend ist. Damit soll auf das Spannungsverhältnis zwischen amtlicher Einsprachigkeit im Deutschen und faktischer Mehrsprachigkeit des Alltags aufmerksam gemacht werden.« (Dirim 2015: 26)

Gemeinschaft angenommen wird und damit Widerstand, Umstrukturierung und Transformation (Garrett & Baquedano-López 2002: 345) impliziert.

Während in der Fremdsprachen- und Zweitsprachenerwerbsforschung zwischen Deutsch als Zweitsprache (DaZ) und Deutsch als Fremdsprache (DaF) unterschieden wird, wobei vor allem auf das Hauptcharakteristikum des Aneignungsortes (in einem amtlich deutschsprachigen Land oder außerhalb) verwiesen wird, verwendet die Mehrsprachigkeitsforschung Begrifflichkeiten, welche die Aneignungsreihenfolge (Zweit-, Dritt-, Viertsprache etc.) in den Vordergrund stellen. Im vorliegenden Beitrag wird die Bezeichnung DaZ verwendet, um auf die Aneignung des Deutschen im Rahmen von Migrationskontexten abzuheben. Diese ist nicht zuletzt durch ihre Einbettung in den Integrationsdiskurs immer auch mit ungleichen Machtverhältnissen verbunden. Dafür ist unerheblich, die wievielte Sprache Deutsch für die Lernenden darstellt. Zwar lösen sich in der wissenschaftlichen Diskussion zunehmend klare Abgrenzungen zwischen DaF und DaZ auf (Springsits 2012), allerdings verstellt die Bezeichnung DaF/DaZ oder DaZ/DaF den Blick auf durchaus vorhandene machtvolle Unterschiede, weswegen m.E. auch die Zuordnung von DaF für Sprachunterricht in den sog. Vorkursen oder Willkommensklassen unzutreffend ist.

Dennoch ist bei der Bezeichnung DaZ zu beachten, dass sie nicht selten eine herabsetzende Konnotation erhält bzw. entsprechende Nebeneffekte nach sich zieht. Dies ist z.B. bei der oft als reduktionistisch verwendeten (und auch nicht immer zutreffenden) Bezeichnung »DaZ-Schüler:innen« für die heterogene Gruppe mehrsprachiger Schüler:innen oder gar Schüler:innen mit Migrationshintergrund (die nicht alle mehrsprachig aufwachsen) der Fall. Der Begriff wird nicht selten als Synonym für eine Schüler:innengruppe mit einem (nicht zwangsläufig vorhandenen, s.u.) Förderbedarf im Deutschen verwendet. Neben diesen nicht unerheblichen Bedenken gegen eine unreflektierte Verwendung der Bezeichnung DaZ vor allem als Attribut für Sprecher:innen stellt sich zudem die Frage, für welche Personengruppe sie (nicht) verwendet werden kann oder sollte. In schulischen Kontexten haben Bezeichnungen wie »DaZ-Schüler:innen« früher verwendete Kategorisierungen wie z.B. »Ausländerkinder« oder »Migrantenkinder« abgelöst. Zwar wird nun die Spracherwerbsmodalität im Gegensatz zur Nationalität, Migrationsgeschichte (der Familie) oder der Herkunft hervorgehoben und damit auf das fokussiert, worum es in diesen Kontexten geht. Dabei wird aber missachtet, dass z.B. der frühe Zweitspracherwerb dem der Erstsprache weitestgehend gleicht, lediglich schneller vonstattengeht (vgl. Tracy 2008), oder dass die Bezeichnung von in Deutschland geborenen und aufgewachsenen Jugendlichen als DaZ-Schüler:innen unzutreffend (da sie zu dem Zeitpunkt keine DaZ-Lernenden mehr sind) und unangemessen ist. Dieser reduktionistische Blick auf die heterogene Gruppe der Schüler:innen mit Migrationshintergrund als per se mehrsprachig, die Deutsch als Zweitsprache erworben haben, entspricht nicht den vielfältigen und komplexen Verhältnissen in Migrationsgesellschaften und stellt eine Form des *Othering*[9] vor der Hintergrundfolie einer angenommenen nationalstaatlichen Einsprachigkeit dar.

---

9 Damit ist die Praktik der Alterisierung gemeint, mit der Menschen als anders konstruiert werden, häufig in der Abgrenzung zu einem »wir«, sodass mit der Praktik gleichzeitig eine Herabsetzung einhergeht (vgl. Spivak 1985; Said 1978/2003).

Dirim und Pokitsch (2017: 101) bezeichnen die Arbeit von Forschenden (und letztlich auch Lehrenden) in diesem Bereich als Dilemma: »Auf der einen Seite geht es darum, Deutschförderung zu optimieren, auf der anderen Seite wird damit diskursiven Positionen zugearbeitet, die dazu führen, dass Mitglieder der Zielgruppe inferiorisiert werden.« Als Ansätze, die sich kritisch mit diesen Aspekten auseinandersetzen und ihnen theoretisch und didaktisch begegnen, kann neben den oben bereits erwähnten soziokulturellen Ansätzen die Migrationspädagogik (ebd.; Mecheril 2010) genannt werden.

4.3 Umgang mit sprachlicher Vielfalt und Deutsch als Zweitsprache in der Schule

Wie dargestellt, ist Mehrsprachigkeit eine Tatsache und betrifft in der einen oder anderen Form alle Schüler:innen. Mehrsprachig aufzuwachsen, stellt zweitspracherwerbstheoretisch kein Problem dar, da dies in der Natur des Menschen liegt. In einer von Globalisierung geprägten Welt wird Mehrsprachigkeit heute in den meisten Berufen als Schlüsselkompetenz angesehen. Und dennoch: In der Schule wird Mehrsprachigkeit vielerorts in erster Linie als Herausforderung betrachtet und häufig immer noch durch Sprachverbote aus dem Unterricht und sogar vom Schulhof verbannt, beides Beispiele für (Neo-)Linguizismus, »eine spezielle Form des Rassismus, die in Vorurteilen und Sanktionen gegenüber Menschen, die eine bestimmte Sprache bzw. eine Sprache in einer durch ihre Herkunft beeinflussten spezifischen Art und Weise verwenden, zum Ausdruck kommt« (Dirim 2010: 9f.). Ein Grund für neo-linguizistische Praktiken von Lehrpersonen ist sicher vielfach, dass diese nicht über die notwendigen Kompetenzen für den professionellen Umgang mit mehrsprachigen pädagogischen Situationen verfügen und sich dadurch überfordert fühlen (Hammer, Fischer & Koch-Priewe 2016), aber auch Angst vor Machtverlust durch mangelnde Kontrolle und der bereits erwähnte monolinguale Habitus tragen ihren Teil dazu bei. Die »Ungleichmachung von Sprachen« (Knappik & Ayten 2020) stellt eine rassismusrelevante Praktik dar, die in Schule nur selten hinterfragt oder überhaupt thematisiert wird.

Hornberger (2002: 47) spricht von einem seit langem bestehendem sprachpolitischem Paradoxon, dass wir unsere ethnischen Sprachressourcen vergeuden und gleichzeitig unseren Mangel an Fremdsprachenressourcen beklagen. Während also einerseits das von Krumm (2021: 161) »Mehrsprachigkeitsrhetorik« genannte »öffentliche Bekenntnis zu Mehrsprachigkeit« immer deutlicher formuliert wird, findet sich auf der anderen Seite »die Diskussion um die durch Migration geprägte lebensweltliche Mehrsprachigkeit, die aber gegenüber der Förderung der Zweitsprache Deutsch oft ein Schattendasein führt« und so zur Dekapitalisierung von Mehrsprachigkeit (ebd.: 249) beiträgt.

4.3 Umgang mit sprachlicher Vielfalt und Deutsch als Zweitsprache in der Schule

Auch wenn mittlerweile ein verhaltener Perspektivwechsel von Mehrsprachigkeit als Herausforderung zu jener einer wertvollen und zu nutzenden Ressource[10] festzustellen ist, bedeutet dies noch nicht, Mehrsprachigkeit im Bildungssystem einen angemessenen Platz einzuräumen, da ihr Stellenwert als Ressource oft lediglich darin besteht, die Schüler:innen bei der Aneignung bildungssprachlicher Kompetenzen im Deutschen zu unterstützen. Damit einher geht – ausgehend von der Forderung einer durchgängigen Sprachbildung – die Entwicklung von Ansätzen, die als sprachsensibler, sprachaufmerksamer, sprachbewusster oder sprachintensiver Fachunterricht oder fachintegrierte Sprachbildung (vgl. u. a. Lütke et al. 2017; Tajmel & Hägi-Mead 2017) bekannt geworden sind. Diese sollen die in den Klassen vorhandene sprachliche Vielfalt wahrnehmen, anerkennen und aufgreifen, das fachliche und sprachliche Lernen verknüpfen und allen Schüler:innen den Zugang zu und die Aneignung von bildungssprachlichen Kompetenzen ermöglichen. Während sich in Deutschland der Begriff des sprachsensiblen Fachunterrichts weitestgehend im wissenschaftlichen und didaktischen Fachdiskurs durchgesetzt hat, wird hier der Terminus eines *sprachlich verantwortlichen Unterrichts* im Sinne einer Ausweitung eines nur auf sprachliche Vielfalt reagierenden Unterrichts vorgeschlagen, da er die so wichtige und grundlegende Verantwortung von Schule, Unterricht und Lehrpersonal zur Erziehung zur Mehrsprachigkeit (Wandruszka 1979: 18) prominent setzt.

Dass dies keine Unmöglichkeit darstellt, zeigt das Beispiel der irischen Grundschule Scoil Bhríde (vgl. Little & Kirwan 2019), in der 80 % der Schüler:innen ein Migrationshintergrund haben. In ihren Familien werden insgesamt 51 Sprachen gesprochen, die den Lehrer:innen größtenteils unbekannt sind. Die Literalisierung[11] der Schüler:innen wird nicht nur in den Amtssprachen Englisch und Irisch, sondern in allen mitgebrachten Sprachen angestrebt. Die Schüler:innen werden immer wieder angeregt, schriftliche Aufgaben nicht nur in Englisch und Irisch zu verfassen, sondern auch in anderen ihnen zur Verfügung stehenden Sprachen. Die Ergebnisse der Schule zeigen, dass die Arbeit am Ausbau der Mehrsprachigkeit nicht auf Kosten der Aneignung der Landessprachen geht.

Ein in diesem Zusammenhang immer häufig genanntes Konzept ist *Translanguaging*, welches auf dem oben dargestellten Verständnis von Mehrsprachigkeit, insbesondere im Sinne von *Heteroglossie*, mit dem Individuum als Ausgangspunkt beruht. Basierend auf dem soziolinguistischen Verständnis fließender Sprachpraktiken in mehrsprachigen Gemeinschaften bedeutet er als pädagogischer Ansatz, dass zwischen diesen sprachlichen Praktiken und denen in Bildungssettings erwünschten sprachlichen Praktiken im Unterricht Brücken gebaut werden. Die Schüler:innen werden explizit angeregt, auf ihr volles sprachliches Repertoire im Unterricht zuzugreifen (García & Kleyn 2016: 20). Jugendliche, die zu Hause einsprachig sozialisiert werden, können dadurch »jene sprachliche Toleranz auf[bauen], die die Welt

---

10 Dies lässt sich an Tagungen und Veröffentlichungen mit entsprechenden Titeln wie auch entsprechenden Fortbildungsangeboten für Lehrpersonen festmachen.
11 Der Begriff wird häufig mit Alphabetisierung gleichgesetzt, geht aber über diesen hinaus, als er das selbstständige Handeln im Medium der Schrift meint.

braucht, sowie die sprachliche Flexibilität, die sie in die Lage versetzt weitere Sprachen in ihrem Leben zu lernen« (Garcia 2012: 5).

Während sich *Translanguaging* auf die Unterrichtsebene bezieht und es häufig beim Einbezug der Sprachen der Schüler:innen bleibt, es also nicht darum geht, diese weiter auszubauen, setzt das Konzept Gesamtsprachencurriculum auf der Ebene der Schulentwicklung auf die »Integration verschiedener Aspekte des (institutionellen) Sprachenlernens, um Synergien beim Sprachenlernen nutzbar zu machen« (Hufeisen 2011: 265 f.). Es betont die bislang in der schulischen Sprachbildung ignorierte »Erkenntnis, dass das Erlernen verschiedener Sprachen, angefangen vom Erwerb der Erstsprache[n] bis zum zu Erlernen von Fremdsprachen, in Abhängigkeit zueinander steht und ein hohes Maß an positiven Transferpotentialen bietet« (Hufeisen & Neuner 2006: 163) und curricular für den Ausbau der Mehrsprachigkeit zu nutzen ist.

Die hier umrissenen Konzepte erfordern zum einen, dass alle Lehrpersonen über alle Schulstufen und Fächer hinweg eine Grundausbildung in Mehrsprachigkeit sowie eine auf ihre Fächerkombination spezialisierte sprachliche Qualifizierung benötigen. Im BMBF-geförderten Projekt DaZKom[12] und seinen Folgeprojekten wurde ein »auf struktureller Ebene empirisch und auf der Ebene der Kompetenzentwicklung theoretisch fundiertes und im Rahmen der Entwicklung des *DaZKom*-Tests […] empirisch erprobtes Kompetenzmodell« (Ohm 2018: 74, Herv. i. O.) für DaZ-Kompetenz entwickelt. Dieses differenziert sich in den drei Dimensionen Fachregister (Fokus auf Sprache), Mehrsprachigkeit (Fokus auf Lernprozess) und Didaktik (Fokus auf Lehrprozess). Das oben beschriebene Dilemma des Begriffes DaZ zeigt sich auch im Namen des 2015 gestarteten Projektes, seines Kompetenzmodells sowie der inhaltlichen Ausgestaltung, welche in der letzten Projektlaufzeit DaZKom-Transfer kritisch diskutiert und begrifflich überarbeitet wurde (vgl. Koch-Priewe et al. i. V., Ohm et al. i. V.). Letzten Endes bedarf es eines Konzepts für eine alle Facetten von Mehrsprachigkeit umfassende Kompetenz für diverse Berufsgruppen in Bildungsinstitutionen. Nötig ist damit zusammenhängend auch eine darauf ausgerichtete Implementierung dieser Kompetenzentwicklung in Ausbildungs-/Studiengänge sowie eine professionelle Berufsbegleitung und thematisch verpflichtende Weiterbildung.

4.4 Fazit und Ausblick

Ein Fokus auf migrationsbedingte Mehrsprachigkeit und Deutsch als Zweitsprache in Schule bzw. generell in Bildungsinstitutionen und der Aus- und Weiterbildung von Lehrpersonen war und ist zur Sensibilisierung notwendig, um die Bildungsgerechtigkeit in unserem Schulsystem zu erhöhen und von (sprach-)biographischen

---

12 Weitere Informationen zum Ursprungsprojekt DaZKom, dem Folgeprojekt DaZKom Video sowie dem Projekt DaZKom Transfer finden sich unter https://www.dazkom.de/.

Hintergründen zu entkoppeln. Allerdings kann dieser Fokus wie dargestellt dazu führen, dass der Blick auf eine dem menschlichen Leben und der menschlichen Kommunikation inhärente Vielfalt verstellt wird, die auch unabhängig von Zuwanderung immer schon vorhanden war. Sprachliche Vielfalt aber vor allem unter dem Aspekt von migrationsbedingter Mehrsprachigkeit und Förderung des Deutschen als Zweitsprache zu sehen, trägt zu einer dichotomen Sicht bei, der wiederum der monolinguale Habitus zugrunde liegt und Ungleichverhältnisse verstärkt. Damit bringt – wie bei allen Thematisierungen von Ungleichheiten – auch die besondere Benennung von migrationsbedingter Mehrsprachigkeit für einen Abbau von Benachteiligung im Bildungssystem den Nebeneffekt mit sich, einer Verbesonderung Vorschub zu leisten. Allerdings unterscheidet sich Sprachaneignung in der Migration in ihrer Einbettung in besondere Sprachideologien, Machtverhältnisse und wirkmächtige Diskurse von der sog. Eliten- oder bildungsidealisierten Mehrsprachigkeit und muss daher auch als solche benannt werden, um an Veränderungen z.B. der Diskurse arbeiten zu können. Die damit verbundene Spannung gilt es, produktiv im Sinne der Veränderung von Perspektiven auf Mehrsprachigkeit zu nutzen. Dirim und Pokitsch (2017: 106) schlagen dafür folgende Perspektiven bzw. didaktische Prinzipien vor:

- »Subjektivierungskritische Revision und Verwendung von spezifischen Fachbegriffen
- Gestaltung von Fördermaßnahmen ohne inferiore ›Verbesonderung‹ der ›Geförderten‹
- Gestaltung von Fördermaßnahmen ohne Exotisierung der ›Geförderten‹
- Gestaltung von Fördermaßnahmen unter Berücksichtigung der Gefahr in quasi habitualisierte koloniale Denktraditionen hineingeraten zu können«.

Neben einer Veränderung von Benennungspraktiken (z.B. »die DaZ-Schüler:innen«) geht es also darum, grundsätzlich sensibel mit sprachlicher Vielfalt in Schule umzugehen und diese als einen inhärenten Aspekt unserer Gesellschaft, des menschlichen Zusammenlebens zu verstehen und Unterstützungsangebote durch ihre Bezeichnung (das Wort *Förderung* hat in Schule mittlerweile nicht mehr eine ausschließlich positive Konnotation) oder ihre Organisation (z.B. parallel zu freiwilligen Arbeitsgruppen o.ä.) nicht zu einem Teil institutioneller Diskriminierung werden zu lassen. Letztlich kann die Ausrichtung des Bildungssystems auf die Bedarfe der Migrationsgesellschaft nicht nur punktuell durch Unterrichtskonzepte oder Umgestaltung der Aus- und Weiterbildung von Lehrpersonen erfolgen, auch wenn beides dafür grundlegend ist. Es bedarf einer ganzheitlichen Schulentwicklung, in der Mehrsprachigkeit nicht nur als Ausgangspunkt, sondern auch als Ziel von Bildung verstanden wird (Fürstenau 2011) und in welcher der Fokus sich nicht nur auf Kompetenzen (z.B. in Sprachen), sondern in erster Linie wieder auf die Individuen in ihrer soziokulturellen Einbettung richtet. Neben bereits aufgeführten Elementen sei hier noch ergänzend auf eine durchgehende Kooperation und den Austausch des gesamten pädagogischen Personals zu sprachlichen Praktiken und einer durchgängigen Sprachbildung hingewiesen, ebenso auf Zusammenarbeit mit Eltern, die ihre sprachlichen Ressourcen einbringen können. Die inklusive Schule ernst zu nehmen, eine diversitätssensible Schulentwicklung voranzutreiben, geht einher mit einer interdisziplinären, multiprofessionellen und alle Akteur:innen einbindenden Entwicklung einer sprachlich sensiblen und verantwortlichen Schule, welche als fortdauernder Prozess verstanden werden muss. Das hieße, (sprachliche) Heterogenität als Normalität anzuerkennen, das schulische Strukturprinzip der Homogenisierung aufzuweichen und letztlich eine ganzheitliche Schulentwicklung zu betreiben.

Literatur

Ahrenholz, B. (2008): Erstsprache – Zweitsprache – Fremdsprache. In: Ahrenholz, B.; Oomen-Welke, I. (Hrsg.): Deutsch als Zweitsprache (S. 3–16). Baltmannsweiler: Schneider Verlag Hohengehren.
Bachtin, M. M. (1979): Die Ästhetik des Wortes. Herausgegeben von Rainer Grubel. Frankfurt: Suhrkamp.
Bailey, B. (2012): Heteroglossia. In: Martin-Jones, M., Blackledge, A. & Creese, A. (Hrsg.): The Routledge handbook of multilingualism (S. 499–507). London: Routledge.
Bakhtin, M. M. (1981/2006): The Dialogic Imagination. Four Essays. Edited by Michae Holquist. Austin: University of Texas.
Ballweg, S. (2019). Erst-, Zweit- und Mehrsprachenerwerb. In: Meißner, F.-J. & Fäcke, C. (Hrsg.): Handbuch Mehrsprachigkeits- und Mehrkulturalitätsdidaktik (S. 130–133). Tübingen: Narr.
Blommaert, J. (2010): The Sociolinguistics of Globalization. Cambridge: Cambridge University Press.
Bloomfield, Leonard (1933): Language. London: George Allen & Unwin Ltd.
Busch, Brigitta (2021): Mehrsprachigkeit. 3., vollst. akt. u. erw. Aufl. Wien: facultas.
Chenoz, J. (2013): Defining Multilingualism. Annual Review of Applied Linguistics 33, 3–18.
Cummins, J. (2000): Language, Power and Pedagogy. Bilingual Children in the Crossfire. Clevedon et al.: Multilingual Matters.
Daase, A. (2017): Heteroglossische Subjektivitäten im Übergang – Sprachlichkeit aus der Subjektperspektive. In: Daase, A., Ohm, U. & Mertens, M. (Hrsg.): Interkulturelle und sprachliche Bildung im mehrsprachigen Übergang Schule-Beruf (S. 109–134). Münster: Waxmann.
Daase, A. (2018): Zweitsprachsozialisation in den Beruf. Narrative Rekonstruktionen erwachsener Migrant*innen mit dem Ziel einer qualifizierten Arbeitsaufnahme. Münster: Waxmann.
Dirim, İ., (2010): »Wenn man mit Akzent spricht, denken die Leute, dass man auch mit Akzent denkt oder so.« Zur Frage des (Neo-)Linguizismus in den Diskursen über die Sprache(n) der Migrationsgesellschaft. In: Mecheril, P., Dirim, İ. & Gomolla, M. (Hrsg): Spannungsverhältnisse. Assimilationsdiskurse und interkulturell-pädagogische Forschung. Münster: Waxmann.
Dirim, İ. (2015): Umgang mit migrationsbedingter Mehrsprachigkeit in der schulischen Bildung. In: Leiprecht, R. & Steinbach, A. (Hrsg.): Schule in der Migrationsgesellschaft. Ein Handbuch. Band 2: Sprache – Rassismus-Professionalität (S. 25–48). Schwalbach Ts. (Debus Pädagogik).
Dirim, İ. & Mecheril, P. (2018): Die Sprache(n) der Migrationsgesellschaft. In: Mecheril, P., Castro-Varela, M. D. M., Dirim, İ., Kalpaka, A. & Melter, C. (Hrsg): Migrationspädagogik (S. 99–116). Weinheim: Beltz.

Dirim, İ. & Pokitsch, D. (2017); Migrationspädagogische Zugänge zu »Deutsch als Zweitsprache«. In: Becker-Mrotzeck, M. & Roth, H.-J. (Hrsg.): Sprachliche Bildung – Grundlagen und Handlungsfelder (S. 95–108). Münster: Waxmann.

Doğmuş, A. & Karakaşoğlu, Y. (2017): Das Modul »Umgang mit Heterogenität in der Schule« in der Lehramtsausbildung an der Universität Bremen. In: Becker-Mrotzek, M., Rosenberg, P., Schroeder, C. & Witte, A. (Hrsg.): Deutsch als Zweitsprache in der Lehrerbildung (S. 73–85). Münster und New York: Waxmann.

Edmondson, W. (1999): Twelve Lectures on Second Language Acquisition: Foreign Language Teaching and Learning Perspectives. Tübingen: Narr.

Europäischer Rat (2002): Schlussfolgerungen des Vorsitzes. Europäischer Rat (Barcelona). 15. und 16. März 2002. Online verfügbar unter: https://www.consilium.europa.eu/media/20931/71067.pdf, Zugriff am 04.12.2022.

Foucault, M. (1981): Archäologie des Wissens. Frankfurt/M.: Suhrkamp.

Fürstenau, S. (2011): Mehrsprachigkeit als Voraussetzung und Ziel schulischer Bildung. In: Fürstenau, S. & Gomolla, M. (Hrsg.) Migration und schulischer Wandel: Mehrsprachigkeit (S. 25–50). Wiesbaden: VS Verlag für Sozialwissenschaften.

García, O. (2012): Theorizing Translanguaging for Educators. In: Celic, C. & Seltzer, K. (Hsrg.): Translanguaging: A CUNY-NYSIEB Guide for Educators, 1–6. Online verfügbar unter: https://www.cuny-nysieb.org/wp-content/uploads/2016/04/Translanguaging-Guide-March-2013.pdf, Zugriff am 06.03.2022.

García, O. & Kleyn, T. (2016): Translanguaging in Theory and practice. In: García, O. & Kleyn, T. (Hrsg.): Translanguaging with Multilingual Students. Learning from Classroom Moments. New York & London: Routledge, 9–33.

Garrett, Paul B. & Baquedano-López, P. (2002): Language Socializacion: Reproduction and Continuity, Transformation and Chance. Annual Review of Anthropology 31, 339–361.

Gogolin, I. (2004): Lebensweltliche Mehrsprachigkeit. In: Bausch, K.-R. (Hrsg.): Mehrsprachigkeit im Fokus. Arbeitspapiere der 24. Frühjahrskonferenz zur Erforschung des Fremdsprachenunterrichts (S. 55–61). Tübingen: Narr.

Gogolin, I. (1994): Der Monolinguale Habitus der multilingualen Schule. Münster: Waxmann.

Grosjean, F. (1997): The Bilingual Individual. Interpreting 2, 163–187.

Grosjean, F. (1989), Neurolinguists, Beware! The Bilingual Is Not Two Monolinguals in One Person. Brain and Language 36, 3–15.

Grosjean, F. (2020): Individuelle Zwei- und Mehrsprachigkeit. In: Gogolin, I., Hansen, A., McMonagle, S. & Rauch, D. (Hrsg.): Handbuch Mehrsprachigkeit und Bildung (S. 13–21). Wiesbaden: Springer VS.

Halliday, M. A. K. (1989): Part A. In: Halliday, M. A. K.; Hasan; R. (Hrsg.): Language, context, and text. Aspects of language in a social-semiotic perspective. 2nd edition. Oxford: Oxford University Press, 3–49.

Hammer, S., Fischer, N. & Koch-Priewe, B. (2016): Überzeugungen von Lehramtsstudierenden in der Schule. In: Koch-Priewe, B. &; Krüger-Potratz, M. (Hrsg.): Qualifizierung für sprachliche Bildung. Programme und Projekte zur Professionalisierung von Lehrkräften und pädagogischen Fachkräften. Die deutsche Schule 13, Beiheft (S. 147–174). Münster: Waxmann.

Herdina, P. & Jessner, U. (2002): A Dynamic Model of Multilingualism. Perspectives of Change in Psycholinguistics. Clevedon et al.: Multilingual Matters.

Hornberger, N. (2002): Multilingual Language policies and the Continua of Biliteracy: An Ecological Approach. Language Policy 1, 27–51.

Hufeisen, B. (2011): Gesamtsprachencurriculum: Überlegungen zu einem prototypischen Modell. In: Baur, R. & Hufeisen, B. (Hrsg.): »Vieles ist sehr ähnlich.« – Individuelle und gesellschaftliche Mehrsprachigkeit als bildungspolitische Aufgabe (S. 265–282). Baltmannsweiler, Schneider Verlag Hohengehren.

Knappik, M. (2016): Disinventing ›Muttersprache‹. Zur Dekonstruktion der Verknüpfung von Sprache, Nation und ›Perfektion‹. In: Doğmuş, A., Karakaşoğlu, Y. & Mecheril, P. (Hrsg.): Pädagogisches Können in der Migrationsgesellschaft (S. 221–240). Berlin: Springer.

Knappik, M. & Ayten, A. (2020): Was ist die beste Sprache? Zur Rassismusrelevanz der Ungleichmachung von Sprachen. In: Fereidooni, K. & Simon, N. (Hrsg.): Rassismuskritische

Fachdidaktiken. Theoretische Reflexionen und fachdidaktische Entwürfe rassismuskritischer Unterrichtsplanung (S. 233–265). Wiesbaden: Springer VS.

Koch-Priewe, B., Daase, A., Köker, A., Ohm, U., Spiekermeier Gimenes, S., Lemmrich, S. & Ehmke, T. (i. V.): Zur Genese der drei DaZKom-Projekte. Herausforderung Lehrer*innenbildung – Zeitschrift zur Konzeption, Gestaltung und Diskussion, Themenheft 6 (eingereicht).

Königs. F. G. (2010): Zweitsprachenerwerb und Fremdsprachenlernen: Begriffe und Konzepte. In: Krumm, H.-J., Fandrych, C., Hufeisen, B. & Riemer, C. (Hrsg.): Deutsch als Fremd- und Zweitsprache. Ein internationales Handbuch. Halbband 1 (S. 738–753). Berlin: De Gruyter.

Krumm, H.-J. (2014): Elite- oder Armutsmehrsprachigkeit: Herausforderungen für das österreichische Bildungswesen. In: Wegner, A. & Vetter, E. (Hrsg.): Mehrsprachigkeit und Professionalisierung in pädagogischen Berufen (S. 23–40). Opladen: Budrich.

Krumm, H.-J. (2021): Sprachenpolitik Deutsch als Fremd- und Zweitsprache. Eine Einführung. Berlin: Erich Schmidt Verlag.

Lantolf, J. P. & Thorne; S. L. (2006): Sociocultural Theory and the Genesis of Second Language Development. Oxford: Oxford University Press.

Little, D. & Kirwan, D. (2019): Engaging with Linguistic Diversity. A Study of Educational Inclusion in an Irish Primary School. London: Bloomsbury.

Lütke, B., Petersen, H. & Tajmel, T. (2017). Fachintegrierte Sprachbildung: Forschung, Theoriebildung und Konzepte für die Unterrichtspraxis. Berlin, Boston: De Gruyter.

Maas, U. (2008): Sprache und Sprachen in der Migrationsgesellschaft. Göttingen: V & R Unipress.

Mecheril, P. (2010): Die Ordnung des erziehungswissenschaftlichen Diskurses in der Migrationsgesellschaft. In: Mecheril, P., Castro-Varela, M. d. M., Dirim, İ., Kalpaka, A. & Melter, C. (Hrsg.): Migrationspädagogik (S. 54–66). Weinheim: Beltz.

Ohm, U. (2018): Das Modell von DaZ-Kompetenz von angehenden Lehrkräften. In: Ehmke, T., Hammer, S., Köker, A., Ohm, U. & Koch-Priewe, B. (Hrsg.): Professionelle Kompetenzen angehender Lehrkräfte im Bereich Deutsch als Zweitsprache (S. 73–91). Münster: Waxmann.

Ohm, U. (2021a): Der Zusammenhang von Fachlernen und Sprachlernen aus der Perspektive Soziokultureller Theorien. Darstellung und kritische Diskussion zentraler Begriffe mit Überlegungen für eine grundlagentheoretische Fundierung. In: Mainzer-Murrenhoff, M., Drumm, S. & Heine, L. (Hrsg.): Sprachtheorien in der zweit- und Fremdsprachenforschung. Basis für empirisches Arbeiten zwischen Fach- und Sprachlernen (S. 34–60). Baltmannsweiler: Schneider Verlag Hohengehren.

Ohm, U. (2021b): Die Berücksichtigung sprachlicher Vielfalt in Schule und Unterricht. Perspektiven für Demokratiebildung im Fach Deutsch als Zweitsprache. PFLB – PraxisForschungLehrer*innenBildung 3(3), 8–22.

Ohm, U., Daase, A., Spiekermeier Gimenes, S., Köker, A. & Lemmrich, S. (i. V.): Das DaZKom-Strukturmodell revisited. In: Daase, A., Köker, A., Spiekermeier Gimenes, S. & Lemmrich, S. (Hrsg.): DaZKom – Transfer eines Kompetenzmodells in die Hochschuldidaktik. Herausforderung Lehrer*innenbildung – Zeitschrift zur Konzeption, Gestaltung und Diskussion, Themenheft 6 (eingereicht).

Oksaar, E. (1980): Mehrsprachigkeit, Sprachkontakt, Sprachkonflikt. In: Melde, P. H. (Hrsg.): Sprachkontakt und Sprachkonflikt (S. 43–52). Wiesbaden: F. Steiner.

Pokitsch, D. (2022): Wer spricht? Sprachbezogene Subjektivierungsprozesse in der Schule der Migrationsgesellschaft. Wiesbaden: Springer VS.

Said, E. W. (1978/2003): Orientalism, London: Penguin Books.

Schleppegrell, M. J. (2004): The Language of Schooling. A Functional Linguistics Perspective. Mahwah, NJ & London: Lawrence Erlbaum Associates.

Spivak, G. C. (1985): The Rani of Sirmur: An Essay in Reading the Archives. History and Theory 24(3), 247–272.

Springsits, B. (2012): Deutsch als Fremd- und/oder Zweitsprache? (K)eine Grenzziehung. ÖDaF Mitteilungen 1, 93–103.

Szczepaniak-Kozak, A. Farrell, A., Ballweg, S. Daase, A., Wąsikiewicz-Firlej, E. & Masterson, M. (2023): Promoting multilingual practices in school and home environments. Perspectives from Germany, Greece, Ireland and Poland (Interdisziplinäre Verortungen der Angewandtren Linguistik, 8). Göttingen: V&R unipress.

Tajmel, T. & Hägi-Mead, S. (2017). Sprachbewusste Unterrichtsplanung: Prinzipien, Methoden und Beispiele für die Umsetzung. Waxmann.

Tracy, R. (2008): Wie Kinder Sprachen lernen. Und wie wir sie dabei unterstützen können. 2. überarb. Aufl. Tübingen: Francke.

Wandruszka, M. (1979): Die Mehrsprachigkeit des Menschen. München: dtv.

5 Religiöse und weltanschauliche Diversität in der Schule

Alexander-Kenneth Nagel

5.1 Ausgangspunkt: Schulen als Laboratorien des Religionskontakts

In der Einwanderungsgesellschaft sind Schulen unausweichlich Orte der interkulturellen und interreligiösen Begegnung. Die Gründe dafür sind augenfällig:

- Man kann in Deutschland nicht nicht zur Schule gehen, sondern allenfalls die Schule nach (bestimmten) weltanschaulichen, pädagogischen oder sozialstrukturellen Gesichtspunkten auswählen.
- Man kann (gerade in städtischen Einzugsgebieten) keine religiöse oder kulturelle Homogenität in der Schule herstellen. Selbst in Bekenntnisschulen trifft man mittlerweile auf Schüler:innen unterschiedlicher religiöser Herkunft, auf jeden Fall aber auf verschiedene Frömmigkeitsstile.
- Man kann die Religion nicht aus der Schule herausdefinieren. Zum einen ist der Religionsunterricht durch das Grundgesetz als ordentliches Lehrfach garantiert, zum anderen ist eine Haltung wohlwollender Neutralität gegenüber allen Religionen traditionell Ausdruck des deutschen Religionskorporatismus (Waldhoff 2011).

Unter Bedingungen gesellschaftlicher Pluralisierung und Individualisierung wird die Schule damit zur Arena unterschiedlicher religiöser und nicht-religiöser Geltungsansprüche. Das ist im pädagogischen und seelsorglichen Alltag ganz sicher eine Herausforderung, aber auch eine gewaltige Chance zur Einübung eines kultivierten interreligiösen Miteinanders.

Ich möchte daher in diesem kurzen Beitrag folgende These vertreten: In der Schule wird abstrakte religiöse und kulturelle Vielfalt in der Begegnung konkret. Somit besteht eine zentrale pädagogische Gestaltungsaufgabe darin, Erfahrungen von Pluralität und Differenz in pluralistische oder tolerante Werthaltungen zu übersetzen. Im folgenden Abschnitt umreiße ich zunächst einige Eckpunkte der religiös pluralen Konstellation in Deutschland. Im Anschluss daran gehe ich ausführlicher auf rechtliche und schulorganisatorische Aspekte sowie auf die religionspädagogischen Implikationen religiöser Pluralisierung an Schulen ein. Der Beitrag schließt mit einer knappen Diskussion zu religionssensiblen Haltungen im Handlungsfeld Schule.

5.2 Eckpunkte der religiös pluralen Konstellation in Deutschland

Die deutsche Gesellschaft hat in den vergangenen Jahrzehnten rasante Veränderungen auf allen möglichen Ebenen erlebt. Globalisierung, Bildungsexpansion, Individualisierung, Wertewandel und Säkularisierung sind nur einige der großen Trends, die wir durchlaufen (Geißler 2002, 436ff.). Dabei schieden sich vor allem an der Säkularisierung immer wieder die Geister: Während die einen auf Kirchenaustritte und/oder einen Rückgang persönlicher Religiosität und Praxis hinwiesen, betonten die anderen die Fluidität und den Formenwandel des Religiösen (für einen guten Überblick vgl. Pollack 2018). In der Tat ist der Anteil der Kirchenmitglieder seit den 1950er Jahren kontinuierlich von über 95 % auf 52,1 % im Jahr 2019 zurückgegangen. Dabei wird leicht übersehen, dass die absoluten Zahlen sich vergleichsweise geringfügig verändert haben: 1956 waren mehr als 51 Millionen Deutsche Mitglied der Römisch-Katholischen Kirche bzw. der Evangelischen Kirche in Deutschland, 2021 immerhin noch mehr als 44 Millionen.[1]

Dennoch hat sich die Religionslandschaft verändert: Migration und Individualisierung haben zu einer Vervielfältigung religiöser Traditionen und Frömmigkeitsstile geführt. Im Jahr 2016 lebten in Deutschland ca. 4,5 Millionen Muslim:innen. Von den insgesamt ca. 4,4 Millionen Katholik:innen mit Migrationsgeschichte waren etwa 3,5 Millionen in muttersprachlichen Gemeinden aktiv. Hinzu kommen 2,7 Millionen Protestant:innen und ca. 1,6 Millionen Mitglieder christlich-orthodoxer Kirchen mit Migrationsgeschichte. Als kleinere, nichtchristliche Minderheiten sind Buddhist:innen (ca. 140.000 mit Migrationsgeschichte zzgl. 130.000 ohne Migrationsgeschichte), Yezid:innen (ca. 100.000), Jüd:innen mit Gemeindezugehörigkeit (ca. 100.000) und Hindus (ca. 100.000) zu nennen. Zugleich hat sich das Feld der Konfessionslosen ausdifferenziert. So verzeichnet die Forschungsgruppe Weltanschauungen in Deutschland (fowid) Ende 2016 zwar 36,2 % der deutschen Bevölkerung als konfessionslos, dahinter verbergen sich aber z.T. ganz unterschiedliche Haltungen. Diese können anti- oder a-religiös geprägt sein, schlicht indifferent oder aber durch eine persönliche Spiritualität jenseits etablierter religiöser Traditionslinien (Pickel et al. 2018).

Mit Blick auf Jugendliche kam die 18. Shell-Jugendstudie zu dem Ergebnis, dass »für katholische als auch evangelische Jugendliche [...] der Glaube in den letzten knapp 20 Jahren erheblich an Bedeutung verloren« (S. 26) habe. Im Unterschied dazu schätzt eine Mehrheit der muslimischen Jugendlichen ihren Glauben als persönlich bedeutsam ein und gibt an, mindestens einmal pro Woche zu beten (Shell-Jugendstudie 2019, 26). Karakaşoğlu und Klinkhammer weisen in diesem Zusammenhang darauf hin, dass die ausgeprägtere religiöse Selbsteinschätzung weniger mit bestimmten religiösen Traditionen als mit Migrationserfahrungen zusammenhänge. Sie wenden sich gegen eine problemzentrierte Betrachtung der Religion, vor

---

[1] https://www.bpb.de/kurz-knapp/zahlen-und-fakten/soziale-situation-in-deutschland/61565/katholische-und-evangelische-kirche/ [letzter Zugriff: 11.4.2022].

allem bei jungen Muslim:innen, und verweisen stattdessen auf religiöse Bildung »als Strategie der ›Identitätstransformation‹ und Selbstpositionierung sowie als Mittel zur ›sanften Emanzipation‹ von der Elterngeneration« (Karakaşoğlu & Klinkhammer 2016, 301).

Insgesamt liegt die Vermutung nahe, dass Migration und religiöse Pluralisierung weitreichende Auswirkungen auf das deutsche Schulwesen haben. Im Folgenden möchte ich die schulorganisatorischen, pädagogischen und fachdidaktischen Herausforderungen und Chancen umreißen, die sich daraus ergeben. Dazu gehe ich zunächst auf juristische und schulpädagogische Debatten über Gebete und Kopftücher an der Schule ein und wende mich dann der religionspädagogischen Diskussion über den Umgang mit religiöser Diversität im Unterricht zu.

5.3 Religiöse Diversität: Schulorganisatorische und pädagogische Aspekte

Die Zunahme religiöser Vielfalt wirft rechtlich, organisatorisch und pädagogisch neue Fragen auf. Im Mittelpunkt der gesellschaftspolitischen und akademischen Diskussion steht dabei zumeist die sichtbare religiöse Lebensführung und Praxis von Muslim:innen. In diesem Abschnitt gehe ich zunächst knapp auf die juristischen Debatten über Kopftücher bei Lehrerinnen und das muslimische Gebet an Schulen ein. Im Anschluss daran erörtere ich einige empirische Ergebnisse zur Gebetspraxis an Schulen und schließe mit einer kritischen Würdigung einer neueren Handreichung zum Umgang mit religionsbezogenen Konflikten in der Schule.

Im Zentrum der *rechtlichen Debatten* über religiöse Diversität in der Schule standen vor allem zwei Fragen, die sich verkürzt wie folgt zusammenfassen lassen: Dürfen muslimische Schüler:innen an der Schule beten bzw. haben sie Anspruch auf einen Gebetsraum? Und: Dürfen muslimische Lehrerinnen ein Kopftuch tragen? Darüber hinaus gibt es eine Vielzahl anderer Streitfälle, etwa zu religiösen Symbolen in der Schule (z. B. das Kruzifix) oder zu religiös begründeten Ausnahmen von der Schulpflicht (etwa die Befreiung vom koedukativen Sport- und Schwimmunterricht). Statt einer kleinteiligen Würdigung der juristischen Argumentation möchte ich hier nur einige größere Linien aufzeigen.

Die Diskussion über *muslimische Gebete* an der Schule entspann sich nach einem Urteil des Berliner Verwaltungsgerichts im Jahr 2009 (für eine ausführliche Darstellung siehe Willems 2015b, 19 ff.). Geklagt hatte ein Schüler, nachdem die Schulleiterin ihm und sieben weiteren Personen das Gebet im Schulflur untersagt hatte. Der Schüler verwies auf seine Religionsfreiheit, die Schulleitung argumentierte mit dem »demonstrativen und werbenden Charakter« des Gebets. Dadurch werde die negative Religionsfreiheit anderer Schüler:innen beeinträchtigt und der Schulfrieden gefährdet. Besonders interessant an der Urteilsbegründung war, dass das Verwaltungsgericht die Bearbeitung religiöser und weltanschaulicher Differenzen als eine genuin pädagogische Aufgabe betrachtet: Religiös bedingte Irritationen dürften nicht dazu führen, »das betreffende Verhalten in der Schule zu untersagen. Vielmehr geben sie Anlass, sich im Unterricht mit dem abweichenden Verhalten auseinander zu setzen und Verständnis hierfür zu wecken« (VG Berlin, Absatz 45). Nachdem der Schüler zunächst Recht bekommen hatte, wurde das Urteil durch die Folgeinstanzen revidiert. Zur Begründung verwiesen diese auf die Einschätzung der Schulleitung, dass der Schulfrieden durch die Gebete massiv bedroht sei.

Die Diskussion über die *Kopfbedeckung muslimischer Lehrkräfte* ist etwas anders gelagert: Während das Kopftuch bei Schülerinnen fraglos durch ihre Religionsfreiheit gedeckt ist, repräsentieren Lehrer:innen als Amtsträger den Staat und können daher nicht in gleichem Umfang ihre Grundrechte in Anspruch nehmen. Im Jahr 2003 hatte das Bundesverfassungsgericht der Klägerin zwar Recht gegeben, aber auch beschlossen, dass die Bundesländer das zulässige Maß religiöser Bezüge in der Schule gesetzlich regeln können (BVerfGE 108, 282–340). Die Abwägung zwischen einer ausdrücklichen Bearbeitung religiöser Unterschiede und einer stärker distanzierten Haltung ist demnach Gegenstand der politischen Diskussion und Gesetzgebung der Länder. In der Folge wurden verschiedene sog. »Neutralitätsgesetze« verabschiedet. Demgegenüber hat ein jüngeres Urteil die Freiheit von Lehrerinnen zur religiösen Bedeckung bekräftigt (BVerfGE 138, 296–376). Danach bedarf es einer »hinreichend konkreten Gefährdung oder Störung des Schulfriedens«, um ein Bedeckungsverbot zu rechtfertigen. Damit, so die Kritik, verlagere sich die »Ausgestaltung der Neutralitätspflicht im schulischen Bereich vom demokratisch legitimierten Gesetzgeber auf die Verwaltung und die Gerichte« (Papier 2015, 215).

Aus religionssoziologischer Sicht bringen beide Diskussionen die *Geltungsansprüche religiöser Minderheiten* in einem religiös und kulturell diversen Schulwesen zum Ausdruck. So gehören christlich geprägte gemeinschaftliche Schulgebete, etwa zur Einschulung oder Entlassung eines Jahrgangs, vielerorts fraglos zur schulischen Normalität und mitunter tragen abgeordnete Religionslehrer:innen ihre kirchliche Amtstracht. Zugleich wird deutlich, dass der Islam offenbar in besonderer Weise als »Störfaktor in der Schule« wahrgenommen wird (Karakaşoğlu 2010). Es scheint, als werde muslimische Glaubenspraxis als besonders ›emissionsreich‹ und konfrontativ empfunden. In diese Richtung weisen auch jüngere Debatten über »konfrontative Religionsbekundung«. Kritiker:innen sehen darin einen Kampfbegriff, der jegliche Formen muslimischer Religiosität unter einen Generalverdacht der Radikalisierung und gruppenbezogenen Menschenfeindlichkeit stellt (Schiffauer 2022). Die einseitige Perspektive auf den Islam als Störfaktor ist teilweise auch in den Kollegien und Leitungsgremien der Schulen verankert. Eine gute Analyse dazu hat Willems vorgelegt, der am Beispiel der schriftlichen Einlassung der Berliner Schulleiter:innen eine Tendenz zu »ethnisch-religiösem Othering« feststellt, indem das islamische Gebet als inkompatibel mit dem deutschen Schulwesen dargestellt wird (2015b, 23). Vor diesem Hintergrund gerät das Konzept des »Schulfriedens« immer mehr in die Kritik. Laut Schieder handelt es sich dabei um einen unscharfen »Sammelbegriff für der Religionsfreiheit (möglicherweise) entgegenstehende Rechtsgüter wie die Funktionsfähigkeit der Schule sowie die Grundrechte der übrigen Schüler« (Schieder 2020, 72).

Damit ist der Bogen von der rechtlichen zur *schulorganisatorischen Dimension* geschlagen. Leider fehlt es weitgehend an empirischen Studien zu den Erscheinungsformen religiöser Diversität an Schulen im Allgemeinen und der muslimischen Gebetspraxis im Besonderen. Eine Ausnahme war das Forschungsprojekt »Religiöse Vielfalt erleben – deuten – bewerten. Religionspädagogische Untersuchungen zum Umgang Jugendlicher mit religiös pluralen Situationen« von Joachim Willems, in dem u. a. 14 Interviews mit muslimischen Jugendlichen in Berlin geführt wurden (zum Folgenden vgl. Willems 2015b, 25 ff.). Eine wesentliche Erkenntnis war, dass verschiedene Schüler:innen das Gebet an der Schule als unpassend empfanden und nach Möglichkeit auf andere Orte auswichen. Für Willems bringt diese Ausweichstrategie die stillschweigende Überzeugung der Schüler:innen zum Ausdruck, dass das muslimische Gebet an der Schule nicht erlaubt oder zumindest nicht akzeptiert sei. Auch allgemein kommt Willems zu dem Schluss, dass für viele Schüler:innen die Verrichtung des Gebets in der Öffentlichkeit grundsätzlich *schambesetzt* sei. Dies stehe in einem deutlichen Kontrast zu der Annahme, es handele sich um eine demonstrative und werbende Glaubensbekundung (ebd., 34). In dieser defensiven Situation erweisen sich Unterstützungspersonen als bedeutsam, sei es der muslimische Hausmeister, der einem Schüler rasch den Abstellraum aufschließt, oder seien es aktive Schüler:innen, die das Anliegen in der Schülervertretung und gegenüber Lehrer:innen aktiv bewerben und vertreten (ebd., 30).

Im Unterschied zu den genannten Bottom-up-Bemühungen um ein muslimisches Gebet an der Schule stellen *multi- oder interreligiöse Schulgottesdienste* eine Top-down-Antwort auf religiöse Vielfalt an der Schule dar. Diese werden an religiösen und staatlichen Schulen als klassische Übergangsriten abgehalten, um einen Jahrgang zu begrüßen oder auf weiterführende Schulen bzw. in das Berufsleben zu verabschieden (Nagel 2012, 257 f.). Interreligiöse Schulgottesdienste finden typischerweise in Stadtteilen mit einem hohen Migrationsanteil statt und richten sich an die Schüler:innen und ihre Familien. Im Unterschied zu anderen interreligiösen Formaten ist die abgebildete religiöse Vielfalt vergleichsweise gering. Im Rahmen der NRW-Nachwuchsforschergruppe »Religion vernetzt. Zivilgesellschaftliche Potentiale religiöser Vergemeinschaftung« (2009–2014) haben wir zwei Schulgebete genauer untersucht, bei denen neben den evangelischen Organisatorinnen Repräsentant:innen der katholischen Kirche und jeweils ein Imam des türkisch-islamischen Dachverbandes DITIB zugegen war. Insgesamt war das interreligiöse Setting stark von der christlichen (vor allem protestantischen) Liturgie geprägt und schloss neben Lesungen und Gebeten der einzelnen Vertreter auch Lieder und Theateraufführungen mit ein, die zuvor im Rahmen des Unterrichts eingeübt worden waren.

Neben den genannten organisatorischen Herausforderungen im Zusammenhang mit der individuellen und kollektiven Religionsausübung an deutschen Schulen ist die Zunahme religiöser Vielfalt auch und vor allem eine *pädagogische Aufgabe*. Dabei stellt sich, auch angesichts der o. a. Befunde zu religionskritischen Positionierungen mancher Lehrer:innen, die Frage, wie eine religionssensible Praxis im schulischen Alltag aussehen kann. Um dieser Herausforderung zu begegnen und Lehrer:innen konkrete Hilfestellungen an die Hand zu geben, wurde vor einigen Jahren ein *Ratgeber* mit dem Titel »Unsere Tochter nimmt nicht am Schwimmunterricht teil!

50 religiös-kulturelle Konfliktfälle in der Schule und wie man ihnen begegnet« herausgegeben (Hinrichs et al. 2012). Die drei Autor:innen betrachten die Konfliktfälle aus unterschiedlichen Perspektiven (rechtlich, pädagogisch und islamwissenschaftlich) und bemühen sich um konkrete Lösungsvorschläge.

Ich möchte die *Vorgehensweise* hier am Beispiel des im Titel angezeigten Falles des Schwimmunterrichts kurz darstellen. Mit Blick auf die religiösen Hintergründe zitieren die Autor:innen einen Koran-Vers, in dem es um die Blöße der Frau und ihre Bedeckung geht. Sie weisen darauf hin, dass sich aus der islamischen Tradition nicht ohne weiteres das Verbot eines geschlechtergemischten Schwimmunterrichts ableiten lasse. Insbesondere spreche nichts gegen einen gleichgeschlechtlichen Schwimmunterricht. Mit Blick auf die Rechtslage nehmen die Autor:innen eine Güterabwägung zwischen dem staatlichen Bildungsauftrag und dem Erziehungsrecht der Eltern vor. Während die ältere deutsche Rechtsprechung eine Befreiung vom geschlechtergemischten Sportunterricht aus religiösen Gründen gestattet hatte, hielten jüngere Urteile die Teilnahme für zumutbar, da die Schülerin einen Burkini tragen könnte. In der pädagogischen Reflexion betonen die Autor:innen die Bedeutung der Schwimmfähigkeit und leiten daraus die Forderung ab, »für die Teilnahme von Kindern und Jugendlichen am Schwimmunterricht zu streiten« (ebd., 29). Dabei stelle sich in der Praxis vor allem die Frage, wie bei einem geschlechtergetrennten Schwimmunterricht die räumliche Trennung gewährleistet werden könne. Hier schlagen die Autor:innen vor, besorgte Eltern zu einer Hospitation einzuladen, damit sie sich selbst ein Bild machen können.

Mir geht es an dieser Stelle weniger um den konkreten Konfliktfall. So weisen quantitative Studien darauf hin, dass nur 4 % der muslimischen Schülerinnen sich aus religiösen oder sonstigen Gründen vom gemischtgeschlechtlichen Sport- und Schwimmunterricht befreien ließen (Haug et al. 2009, 183 ff.). Stattdessen strebe ich eine *kritische Würdigung der Lösungsstrategien* des Ratgebers an. Dabei fällt zunächst eine gewisse Tendenz zur ›Religionisierung‹ bzw. ›Theologisierung‹ auf, insofern Konfliktfälle einseitig auf Religion zugerechnet und erwünschte Verhaltensweisen durch von außen herangetragene theologische Interpretationen legitimiert werden. Gerade im Migrationskontext lassen sich allerdings religiöse, kulturelle und soziale Differenzlinien oft nicht gut auseinanderhalten. Ein religionssensibler Zugang muss also Religion wahrnehmen und zu anderen Differenzmarkern in Beziehung setzen können (Nagel 2020, 296 f.). Auch die Differenzierung und Verhältnisbestimmung zwischen zugeschriebener Religionszugehörigkeit und religiöser Selbstverortung stellen wichtige Aspekte von »religious literacy« im Handlungsfeld Schule dar (Karakaşoğlu 2020). Darüber hinaus wurde deutlich, dass sich die rechtliche Beurteilung religiös-kultureller Konfliktfälle häufig in einem Dreieck aus dem staatlichen Bildungsauftrag, dem Erziehungsrecht der Eltern sowie der Religionsfreiheit der Schüler:innen bewegt. In der Praxis werden sich die meisten dieser Konflikte durch *Gespräche oder eine Mediation* lösen lassen. Dabei stellt sich allerdings die Frage, wie die angebotenen alternativen religiösen Deutungen eingebracht werden können. Religiöse Interpretationen haben in der Regel dann Gewicht, wenn sie von einer glaubwürdigen religiösen Autorität formuliert werden. Lehrer:innen tun also gut daran, sich nicht einfach auf die alternative Deutung in der Handreichung zu berufen, sondern die Vielstimmigkeit religiöser Traditionen im Unterricht zu thematisieren und dazu vielleicht auch einen Imam einzuladen bzw. eine Moschee zu besuchen. Damit ist der Bogen zu den religionspädagogischen bzw. fachdidaktischen Aspekten von Migration und religiöser Pluralisierung geschlagen.

5.4 Entgrenzung und Begegnung: Religiöse Diversität im Unterricht

Teilt man die zu Beginn formulierte Auffassung, dass Schulen in der Einwanderungsgesellschaft Laboratorien des Religionskontakts darstellen, ist klar, dass in der multireligiösen und multikulturellen Zusammensetzung der Schülerschaft (und ggf. des Kollegiums) ein pädagogischer Auftrag steckt. Dieser Auftrag richtet sich im Prinzip gleichermaßen an Lehrer:innen, Schulsozialarbeiter:innen, Schüler:innen und Eltern und gewinnt mit dem Ausbau der Ganztagsbeschulung weiter an Gewicht. Da der Großteil der Schulzeit aus Unterricht besteht, möchte ich mich im Folgenden auf Strategien zum Umgang mit religiöser Diversität im konfessionellen Religionsunterricht und anderen Fächern mit einer klaren curricularen Ausrichtung auf Religion beziehen, z. B. »Lebenskunde-Ethik-Religion« in Brandenburg und »Werte und Normen« in Niedersachsen. Zugleich ist es wichtig anzuerkennen, dass Migration und religiöse bzw. kulturelle Diversität auch zum Bildungsauftrag anderer Fächer gehören.

Der Normalfall im deutschen Schulwesen war und ist vielerorts der *konfessionelle Religionsunterricht*. Als einziges Unterrichtsfach ist er in der Verfassung als »ordentliches Lehrfach« festgeschrieben und wird im Rahmen der staatlichen Schulhoheit »in Übereinstimmung mit den Grundsätzen der Religionsgemeinschaften« erteilt (Art. 7.3 GG). Laut dem Religionspädagogen Rudolf Englert sei ein moderner KRU nicht auf religiöse Unterweisung ausgelegt, sondern auf »die Stärkung der religiösen Orientierungsfähigkeit« (Englert 2015, 20). Unter Bedingungen religiöser Pluralisierung hebt Englert drei Herausforderungen für den KRU hervor: Auf einer inhaltlichen Ebene müssten andere religiöse Traditionen einbezogen werden. Im Kontrast zu interreligiösen Ansätzen (s. u.) sollten dabei Unterschiede allerdings nicht eingeebnet, sondern eine »Hermeneutik der Alterität« etabliert werden (ebd., 22). Auf der organisatorischen Ebene liegt eine besondere Herausforderung in den *monokonfessionellen Lerngruppen*. Die Trennung der Schüler:innen nach Konfessionen erschwert die Ausbildung religiöser Diversitätskompetenz, insoweit sie interreligiösen Austausch verhindert. Auch Englert votiert hier für eine Öffnung in Form eines ökumenischen Religionsunterrichts (ebd., 21). Aus seiner Sicht ist der konfessionelle Unterricht anderen religionsdidaktischen Modellen überlegen, da die profunde Kenntnis der eigenen religiösen Tradition die Voraussetzung für interreligiöse Begegnung sei. Er übernimmt damit im Wesentlichen die Linie der EKD-Denkschrift »Identität und Verständigung« (Evangelische Kirche in Deutschland 1994).

5.4 Entgrenzung und Begegnung: Religiöse Diversität im Unterricht

Als Reaktion auf religiöse Pluralisierung können *kooperative Unterrichtsformate* gelten. Während der konfessionell-kooperative Religionsunterricht sich als Erweiterung des monokonfessionellen Unterrichts versteht (Kuld 2015), gehen interreligiöse Ansätze wie das Hamburger Modell eines »Religionsunterricht für alle« noch einen Schritt weiter, indem sie einen »lebensweltlich ansetzenden interreligiösen Dialog« zwischen verschiedenen Religionsgemeinschaften initiieren wollen (Knauth 2015, 69). Beide Formate zielen darauf, eine Zersplitterung der Lerngruppe entlang konfessioneller oder religiöser Linien zu vermeiden. In der Folge verschiebt sich der inhaltliche Fokus von der religiösen Alphabetisierung auf den religiösen Austausch. In beiden Fällen galt es, *institutionelle Hürden* zu überwinden: Im Fall des konfessionell-kooperativen Unterrichts bestanden zunächst unterschiedliche Vorstellungen über das Konfessionsprinzip im Unterricht. Während die katholische Seite von der konfessionellen Einheit von Lehrer:in, Schüler:innen und Inhalten ausging, machte die evangelische Seite die Konfession lediglich an der Einheit von Lehrkraft und Inhalt fest (Kuld 2015, 56). Der Hamburger »Religionsunterricht für alle« wurde anfangs nur in evangelischer Verantwortung erteilt, also offiziell nur durch evangelische Lehrkräfte. Dies änderte sich mit den Staatsverträgen mit islamischen und alevitischen Religionsgemeinschaften im Jahr 2012. Die beiden Beispiele veranschaulichen die institutionellen *Pfadabhängigkeiten und Beharrungskräfte*, die einer diversitätssensiblen Ausrichtung des Religionsunterrichts entgegenstehen.

Da die Ausbaureserven des konfessionellen Modells unter Bedingungen religiöser Pluralisierung begrenzt sind und sich seit Jahren immer mehr Schüler:innen für ein Ersatz- oder Alternativfach entscheiden, kommen vermehrt *religionskundliche* Ansätze religiöser Bildung in den Blick. Das Ziel ist ein religionsbezogener Unterricht, der so gestaltet ist, dass er als Pflichtfach für alle Schüler:innen fungieren kann. Über die Ausgestaltung eines solchen Faches bestehen unterschiedliche Vorstellungen, was die Nähe und Distanz zur Religion angeht. Unstrittig ist, dass ein religionskundlicher Unterricht Wissen über verschiedene religiöse Traditionen vermitteln muss. Damit ist weniger ein abstraktes Faktenwissen gemeint (wer waren die Erzväter, was sind die fünf Säulen des Islam?), sondern die »Fähigkeit, Kenntnisse sachgemäß zueinander ins Verhältnis zu setzen und mit ihnen in verschiedenen Situationen zu operieren, indem diese Situationen in unterschiedlichen Perspektiven gedeutet […] werden« (Willems 2015a, 175). Neben diesem »Lernen über Religion(en)« plädiert Willems für ein Lernen »von Religion(en)«. Ähnlich wie Engert hebt er dabei die religiöse Orientierungsfähigkeit hervor, geht allerdings darüber hinaus. So könne es »kein Ziel des religionskundlichen Unterrichts sein, dass die Schülerinnen und Schüler religiös(er) werden. Der Unterricht wäre vielmehr auch dann ›erfolgreich‹, wenn Lernende nun aus besseren Gründen Atheisten wären oder sich von ihrer Herkunftsreligion lösen würden« (ebd.).

Es liegt auf der Hand, dass gerade das Lernen von Religion(en) auch religiöse Artikulationsformen und interreligiöse Begegnungen im Unterricht zulassen und fördern sollte. Demgegenüber haben sich manche *Religionswissenschaftler:innen* wie Wanda Alberts für ein deutlich distanzierteres Verhältnis zum Gegenstand ausgesprochen (Alberts 2008). Auch Alberts votiert für einen integrativen Religionsunterricht, »in dem alle Schülerinnen und Schüler einer Klasse, unabhängig von ihren jeweiligen religiösen oder nicht-religiösen Hintergründen, gemeinsam über verschiedene Religionen lernen« (ebd., 2). Dabei spricht sie sich für eine Begrenzung der konzeptionellen und organisatorischen Beteiligung der Religionsgemeinschaften aus. Programmatisch bestehe die Leistung der Religionswissenschaft darin, unter Bedingungen struktureller Asymmetrie »zu einem gleichberechtigten, nichtdiskriminierenden Unterricht über Religion/en beizutragen« (ebd., 13). Damit verbindet sich eine Kritik an der Privilegierung vermeintlich kulturprägender christlicher Inhalte und einer Weltreligionsdidaktik, die wichtige religiöse Phänomene der Gegenwart nicht erfasst. Der Fokus einer religionswissenschaftlichen Fachdidaktik liegt demnach eher auf einer Metaebene, etwa mit Blick auf unterschiedliche Religionsbegriffe, die soziale Konstruktion von Religion und die dahinterliegenden Herrschaftsverhältnisse.

5.5   Fazit: Jenseits der Religionisierungsfalle

Mein Ziel in diesem Beitrag war es, die organisatorischen, pädagogischen und didaktischen Herausforderungen zu umreißen, die mit einer religiösen Pluralisierung in der Schule einhergehen. Dabei hat sich u. a. gezeigt, dass die Zunahme religiöser Diversität und konfessionsloser Lebenshaltungen zur Umgestaltung und Öffnung religionspädagogischer Formate drängt. Diese Bewegung führt, pointiert gesagt, weg vom Modell des Westfälischen Friedens (bekenntnisorientierter Religionsunterricht getrennt nach Konfessionen) hin zu Formen des gemeinsamen religiösen Lernens. Dabei stellen sich neben pädagogischen auch weitreichende strukturelle Fragen nach neuen Formen der Kooperation zwischen dem Staat und den beteiligten Religionsgemeinschaften jenseits der christlichen Dominanzkultur (vertiefend dazu Karakaşoğlu & Klinkhammer 2016, 296 ff.).

Zudem wurde deutlich, dass religiöse Vielfalt im Kontext Schule häufig problemorientiert und einseitig mit Blick auf Muslim:innen thematisiert wird. Die Rechtsprechung zum islamischen Gebet an Schulen und jüngere Kontroversen um eine vermeintliche »konfrontative Religionsbekundung« muslimischer Schüler:innen verweisen auf eine Tendenz zum religiösen Othering, welche letztlich einer orientalistischen Logik folgt: Wer – anhand seiner Religionsausübung oder äußerlicher Merkmale – einmal als Muslim:in erkannt wurde, wird in der Folge vor allem als solche:r adressiert. Diese einseitige religiöse Zurechnung ist auch deshalb so persistent und wirkmächtig, weil sie eine rasche Aufklärung und Lösung sozialer Konflikte verspricht und daher passfähig zu den Funktionserfordernissen der Schule als Organisation ist. In Zeiten zentraler Prüfungen und schulübergreifender Leistungsvergleiche liegt es nahe, Religion und andere Ausdrucksformen der Lebenswelt als Ablenkungen vom Lerngeschäft zu begreifen.

Wenn man indes davon ausgeht, dass Schulen einen über die Fachdidaktik hinausreichenden Bildungsauftrag haben, dann stellt sich die Frage, wie eine religionssensible Praxis im schulischen Handlungsfeld angesichts der Zunahme religiöser Diversität und Nichtreligiosität aussehen könnte. Rassismuskritische Ansätze in der

Pädagogik haben zuletzt immer wieder vor einer Kulturalisierung von Konflikten gewarnt. Interkulturelle und interreligiöse Ansätze können demnach als »soziale Platzanweiser« fungieren und dadurch soziale Dominanzverhältnisse reproduzieren (Leiprecht 2018, 256f.). Damit verbindet sich auch eine Kritik an der interkulturellen Pädagogik. Diese gerate »immer dann in die Ethnisierungsfalle, wenn sie die Erkenntnisse der rassismuskritischen Forschung ignoriert und Ethnizität volkstümelnd als vorgesellschaftliche Größe missversteht« (Stender 2018, 36).

Analog dazu könnte eine ›Religionisierungsfalle‹ darin bestehen, Konflikte einseitig religiös zuzurechnen oder lediglich im Lichte traditioneller weltreligiöser Schablonen zu verorten. Auch voreilige Schlüsse von der doktrinären Ebene (»im Koran steht«) auf die Ebene der Lebensführung verbieten sich aus dieser Perspektive. Die aktuelle Debatte zur »konfrontativen Religionsbekundung« tappt in die Religionisierungsfalle und befördert im schlimmsten Fall antimuslimischen Rassismus. Zugleich aber neigen antirassistische Ansätze wie ein Großteil der zeitgenössischen Pädagogik immer wieder zu einer weitreichenden Dethematisierung von Religion (Nauerth 2016, 81f.). Demnach sollte sich eine religionssensible Haltung in der Schule dadurch auszeichnen, dass sie

a) religiöse Prägungen im konkreten Zusammenspiel mit anderen sozialen Differenzdimensionen betrachtet (Intersektionalität),
b) Religion als Ressource jugendlicher Selbstpositionierung und Emanzipation in den Blick nimmt (gerade auch im Migrationskontext) und sich von daher
c) der religiösen Lebenswelt der Schüler:innen aus einer fragenden und suchenden Perspektive nähert anstatt vorschnell eigene ›theologische‹ Deutungsangebote zu machen.

Literatur

Alberts, W. (2008): Religionswissenschaftliche Fachdidaktik in europäischer Perspektive. Zeitschrift für Religionswissenschaft 16 (1), 1–14. DOI: 10.1515/zfr.2008.16.1.1.
BVerfGE 108, 282–340.
BVerfGE 138, 296–376.
Englert, R. (2015): Connection impossible?: Wie konfessioneller Religionsunterricht Schüler/innen ins Gespräch mit Religion bringt. In: E.-M. Kenngott, R. Englert & T. Knauth (Hrsg.), Konfessionell – interreligiös – religionskundlich. Unterrichtsmodelle in der Diskussion, 1. Aufl. (S. 19–30). Stuttgart: Kohlhammer (Praktische Theologie heute, 136).
Evangelische Kirche in Deutschland (1994): Identität und Verständigung. Standort und Perspektiven des Religionsunterrichts in der Pluralität. Eine Denkschrift der Evangelischen Kirche in Deutschland. Gütersloh: Gütersloher Verl.-Haus.
Haug, S., Müssig, S. & Stichs, A. (2009): Muslimisches Leben in Deutschland: im Auftrag der Deutschen Islam Konferenz. Forschungsbericht. Nürnberg: Bundesamt für Migration und Flüchtlinge (BAMF), Forschungszentrum Migration, Integration und Asyl (FZ). Online verfügbar unter https://www.ssoar.info/ssoar/handle/document/68146, Zugriff am 29.06.2022.

Hinrichs, U., Romdhane, N. & Tiedemann, M. (2012): Unsere Tochter nimmt nicht am Schwimmunterricht teil! 50 religiös-kulturelle Konfliktfälle in der Schule und wie man ihnen begegnet; [geeignet für die Klassen 1–13]. Mülheim an der Ruhr: Verlag an der Ruhr.

Karakaşoğlu, Y. (2010): Islam als Störfaktor in der Schule. In: T. G. Schneiders (Hrsg.), Islamfeindlichkeit. Wenn die Grenzen der Kritik verschwimmen. 2., aktualisierte und erw. Aufl. (S. 303–318). Wiesbaden: VS Verl. für Sozialwiss.

Karakaşoğlu, Y. (2020): Der Islam und die Muslim*innen als Provokation schulischer Normalitätsvorstellungen. In: M. Kulaçatan & H. H. Behr (Hrsg.), Migration, Religion, Gender und Bildung. Beiträge zu einem erweiterten Verständnis von Intersektionalität. 1. Aufl. (S. 83–106). Bielefeld: Transcript (Kultur und soziale Praxis).

Karakaşoğlu, Y. & Klinkhammer, G. (2016): Religionsverhältnisse. In: P. Mecheril (Hrsg.), Handbuch Migrationspädagogik. Unter Mitarbeit von V. Kourabas und M. Rangger (S. 294–310). Weinheim/Basel: Beltz.

Knauth, T. (2015): Position und Perspektiven eines dialogischen Religionsunterrichts in Hamburg. In: E.-M. Kenngott, R. Englert & T. Knauth (Hrsg.), Konfessionell – interreligiös – religionskundlich. Unterrichtsmodelle in der Diskussion. 1. Aufl. (S. 69–85). Stuttgart: Kohlhammer (Praktische Theologie heute, 136).

Kuld, L. (2015): Gemeinsamer Unterricht mit feinen Unterschieden: Konfessionell-kooperativer Religionsunterricht in Baden-Württemberg. In: E.-M. Kenngott, R. Englert & T. Knauth (Hrsg.), Konfessionell – interreligiös – religionskundlich. Unterrichtsmodelle in der Diskussion. 1. Aufl. (S. 55–67) Stuttgart: Kohlhammer (Praktische Theologie heute, 136).

Leiprecht, R.f (2018): Rassismuskritische Ansätze in der Bildungsarbeit. In: I. Gogolin, V. B. Georgi, M. Krüger-Potratz, D. Lengyel & Uwe Sandfuchs (Hrsg.), Handbuch interkulturelle Pädagogik (S. 255–258). Bad Heilbrunn: Verlag Julius Klinkhardt (UTB Pädagogik, 8697).

Nagel, A.-K. (2012): Vernetzte Vielfalt: Religionskontakt in interreligiösen Aktivitäten. In: A.-K. Nagel (Hrsg.), Diesseits der Parallelgesellschaft. Neuere Studien zu religiösen Migrantengemeinden in Deutschland (S. 241–268). Bielefeld: transcript Verlag.

Nagel, A.-K. (2020): Religion und Soziale Arbeit. Migration und Soziale Arbeit 42 (4), 292–301.

Nauerth, M. (2016): Wie hält sie's mit der Religion? Ein Beitrag zur Begründung der Bedeutung von Religionssensibilität in der Sozialen Arbeit. Widersprüche 36 (140), 79–90. Online verfügbar unter https://www.ssoar.info/ssoar/bitstream/handle/document/63959/ssoar-widersprueche-2016-140-nauerth-wie_halt_sies_mit_der.pdf?sequence=1, Zugriff am 29.06.2022.

Papier, H.-J. (2015): Zur Kopftuch-Entscheidung des Bundesverfassungsgerichts. In: RdJB 63 (2), 213–216. DOI: 10.5771/0034–1312–2015–2–213.

Pickel, G., Jaeckel, Y. & Yendell, A. (2018): Konfessionslose – Kirchenfern, indifferent, religionslos oder atheistisch? In: O. Hochman, P. Siegers & S. Schulz (Hrsg.): Einstellungen und Verhalten der deutschen Bevölkerung. Analysen mit dem ALLBUS (S. 123–153). Wiesbaden: Springer VS (Blickpunkt Gesellschaft).

Schieder, T. (2020): Religion gefährdet den Schulfrieden? In: J. Willems (Hrsg.), Religion in der Schule. Pädagogische Praxis zwischen Diskriminierung und Anerkennung (S. 61–74). Bielefeld: transcript.

Shell-Jugendstudie (2019): Zusammenfassung. Hamburg: Deutsche Shell Holding GmBH. Online verfügbar unter https://www.shell.de/about-us/initiatives/shell-youth-study/_jcr_content/root/main/containersection-0/simple/simple/call_to_action/links/item0.stream/1642665739154/4a002dff58a7a9540cb9e83ee0a37a0ed8a0fd55/shell-youth-study-summary-2019-de.pdf, Zugriff am 29.06.2022.

Waldhoff, C. (2011): Was bedeutet religiös-weltanschauliche Neutralität des Staates? In: M. Honecker (Hrsg.), Gleichheit der Religionen im Grundgesetz. Symposium der Nordrhein-Westfälischen Akademie der Wissenschaften und der Künste. Symposium am 28. Mai 2010 in Düsseldorf. Nordrhein-Westfälische Akademie der Wissenschaften und der Künste – Sonderveröffentlichungen, Band 8 (S. 17–29). Leiden: Brill/Schöningh.

Willems, J. (2015a): Annäherungen an eine religionskundliche Didaktik. In: E.-M. Kenngott, R. Englert & T. Knauth (Hrsg.), Konfessionell – interreligiös – religionskundlich. Unterrichtsmodelle in der Diskussion (S. 163–178). Stuttgart: Kohlhammer (Praktische Theologie heute, 136).

Willems, J. (2015b): Keine Bedrohung, sondern Wahrnehmung eines Grundrechts–Muslimische Gebete in der Schule. Zeitschrift für Religionspädagogik 14, 16–38. Online verfügbar unter https://www.theo-web.de/zeitschrift/ausgabe-2015-01a/04.pdf, Zugriff am 29.06.2022.

6 Eltern in der Schule der Migrationsgesellschaft – eine rassismuskritische Perspektive

Ellen Kollender

Einleitung

Wird in Deutschland über bestehende Bildungsungleichheiten im Schulsystem diskutiert, liegt der Verweis auf den familialen Hintergrund bzw. das Elternhaus von Schüler:innen oft nicht fern. Neben dem ›sozialen Hintergrund‹ wird in der Debatte häufig auch der ›Migrationshintergrund‹[1] von Schüler:innen und ihren Familien als zentrale Einflussgröße auf den Schulerfolg von Kindern und Jugendlichen angeführt. Dabei wird von der in PISA und anderen vergleichenden Schulleistungsstudien festgestellten Korrelation von ›Migrationshintergrund‹ und ›Schulerfolg‹ vielfach auf eine Kausalität geschlossen. Dieser Logik zufolge wird der ›Migrationshintergrund‹ von einer *zu erklärenden* Variablen zu einer *erklärenden* Größe für bestehende Bildungsungleichheiten. Schüler:innen mit Migrationsgeschichte sind demzufolge »bildungsbenachteiligt, weil sie zu dieser Gruppe gehören, die durch bestimmte, von der schulischen Normalitätserwartung abweichende Merkmale – meist Sprache, Kultur, Migrationssituation – ausgestattet sind« (Geier 2016: 442).

Auch wenn zahlreiche Studien gezeigt haben, dass sich hinsichtlich der Bildungsaspirationen und Einstellungen zur Schule zwischen Eltern, denen statistisch ein Migrationshintergrund zugewiesen wird, und anderen Elterngruppen keine signifikanten Unterschiede feststellen lassen (vgl. Gomolla/Rotter 2012; Boos-Nünning et al. 2008: 54), halten sich diesbezügliche Vorstellungen in Schule, Politik und Gesellschaft hartnäckig aufrecht. Dadurch werden stereotype Sichtweisen auf familiale Milieus in unterprivilegierten Lebenslagen und/oder mit Migrationsgeschichte befördert, die weniger »zur Aufklärung von Bildungsungleichheit« beitragen »als zur Verfestigung von Ungleichheitsstrukturen« (Wiezorek/Pardo-Puhlmann 2013). Dies zeigen vor allem macht- und ungleichheitskritische Analysen, die in den letzten Jahren zu einer Neuperspektivierung der Diskussion um schulische Bildungsungleichheiten im deutschsprachigen Forschungsraum beigetragen haben: Anstatt den Fokus auf den familialen Hintergrund bzw. die Eltern von Schüler:innen zu legen, nehmen diese Untersuchungen Strukturen, Diskurse und Praktiken in Schule und Migrationsgesellschaft in den Blick und analysieren diese hinsichtlich ihrer (Mit-)Verantwortung für existierende Bildungsungleichheiten.

---

1 Da es sich bei Kategorien wie ›sozialer Hintergrund‹ oder ›Migrationshintergrund‹ nicht um neutrale Kategorien handelt, sondern sie zur Konstruktion von problematisierbaren Eltern beitragen, setze ich diese hier in einfache An- und Abführungszeichen.

Dabei legen sie auch vorherrschende Selbstverständnisse hinsichtlich vermeintlich unterschiedlicher Elterngruppen und ihrer Rolle in der Schule offen und rekonstruieren, wie diese das Denken und Handeln von Pädagog:innen und Eltern sowie (subtile) Ausschlüsse im Schulsystem anleiten (vgl. u. a. die Beiträge in Chamakalayil et al. 2021; Betz et al. 2017; Westphal et al. 2017; Bauer et al. 2015; Fegter et al. 2015).

Dieser Beitrag knüpft an diesen Forschungsstrang an. Basierend auf zwei Untersuchungen zu Eltern[2] und Schulen in der Migrationsgesellschaft[3] analysiere ich aus rassismustheoretisch informierter Perspektive am Beispiel des Bundeslandes Berlin bildungspolitische und schulische Konstruktionen von ›Eltern mit Migrationshintergrund‹ und hiermit verbundene Rollenzuschreibungen in der Schule. Dabei frage ich, wie rassistische Logiken das Verhältnis von Eltern und Schule aktuell konfigurieren und welche (Rassismus-)Erfahrungen Eltern hiermit in der Schule ihrer Kinder verbinden. Vor dem Hintergrund der Analyse des Zusammenspiels von politischem Diskurs, schulischen Wissensbeständen und elterlichen Erfahrungen diskutiere ich anschließend Formen und Notwendigkeiten der rassismussensiblen Adressierung und Beteiligung von Eltern in der Schule.

6.1 Theorie: Rassismus in der Schule der Migrationsgesellschaft

Rassismus in der Schule lässt sich nicht verstehen, wenn er allein auf individuelle Vorurteile und ein intendiertes Handeln einzelner Lehrkräfte zurückgeführt wird. Die Funktions- und Wirkweisen von Rassismus sind meist komplexer. Dieser realisiert sich vor allem in Form gesellschaftlich-diskursiver Logiken der Fremdmachung, die sich in Schul- und Unterrichtspraktiken sowie Lehr- und Lernmaterialien einschreiben (vgl. Quehl 2015; vgl. die Beiträge in Fereidooni/Simon 2020) und so subtil unterschiedliche Formen der Diskriminierung sowie des *Othering* von bestimmten Schüler:innen und ihren Eltern anleiten (AdB 2013; Gomolla/Radtke 2009). Über ein solches *Othering* werden »abstammungsbasierte Eigen- und

---

2 Bei ›Eltern‹ bzw. ›Elternschaft‹ handelt es sich um einen sozial definierten Status, der auf sich wandelnden gesellschaftlichen Diskursen und hiermit verbundenen Konventionen und Regelungen von Elternrechten und -pflichten basiert (vgl. Waterstradt 2015: 83 ff.). In dieser Studie verwende ich ›Eltern‹ als Sammelbegriff sowohl für einzelne als auch in und außerhalb einer Paarbeziehung lebende Personen, die für ein Kind erziehungsberechtigt sind.
3 Hierzu zählt sowohl eine gemeinsam mit Mechtild Gomolla durchgeführte historische Diskursanalyse zu Kontinuitäten und Neuverhandlungen der Bilder von ›Eltern mit Migrationshintergrund‹ im politischen Diskurs der BRD (Gomolla/Kollender 2019) sowie meine Dissertationsstudie »Eltern – Schule – Migrationsgesellschaft«, in der ich migrationsgesellschaftliche Diskurse, schulische Wissensbestände und Praktiken sowie elterliche Subjektivationen in Berlin untersucht, zueinander ins Verhältnis gesetzt und (neue) Formationen des Ein- und Ausschlusses von Eltern und ihren Kindern im Schulsystem vor dem Hintergrund neoliberaler Transformationsprozesse identifiziert habe (Kollender 2020).

Fremdgruppen unter Bezugnahme auf Kriterien« konstruiert, die nicht neutral sind, »sondern als stigmatisierende Marker dienen. Dabei kann es sich um biologische Eigenschaften wie Hautfarbe handeln, aber auch um soziale Symbole wie Namen, Sprache oder religiös konnotierte Kleidung« wie das Kopftuch oder die Kippa (Liebscher 2021: 152). Beim rassistischen Othering geht es somit nicht nur darum, das ›Eigene‹ vom ›Anderen‹ abzugrenzen. Vielmehr geht die Kategorisierung »mit einer Bewertung einher, die sich am Wertesystem der hegemonialen Gruppe orientiert« (ebd.), diese entlang natio-ethno-religiös-kultureller Grenzlinien als Norm(alität) setzt, während ›andere Gruppen‹ hieraus ausgeschlossen werden. Dieses »Miteinander von Norm versus Othering und Privilegien versus Diskriminierung und deren Einbindung und Umsetzung in Strukturen, Institutionen, Gesetze, Moral und Wissen«, so Susan Arndt, »ist das Grundprinzip sozialer Ungleichheit, das gesellschaftliche Ordnungen im Inneren hierarchisch organisiert und hierarchisierende Abgrenzungen nach außen ebenso antreibt wie abrundet. Rassismus bewegt sich in ebendiesem Muster« und lässt so »die ungleiche Verteilung von Wohlstand, Repräsentation, Sicherheit und Zugehörigkeit« (Arndt 2021: 17) ebenso wie von Bildungschancen plausibel erscheinen.

Indem sich rassistische Logiken und Praktiken im Wechsel zu sich verändernden gesellschaftlichen Kräfteverhältnissen sowie politischen und ökonomischen Rahmenbedingungen herausbilden, finden sie immer neue Stützpunkte für ihre Artikulation. So stellt nach Robert Miles »[j]eder Fall von Rassismus [...] ein Produkt sowohl der Bearbeitung einiger historisch früherer als auch der Schaffung neuer Elemente« dar (Miles 1991: 362). Étienne Balibar beschreibt diesbezüglich einen europäischen Rassismus, der sich in der Zeit nach dem zweiten Weltkrieg vor allem rund »um den Komplex der Immigration herum ausgebildet« hat (Balibar 1992a: 10). Mit Blick auf den deutschen Kontext sind es, neben Schwarzen Deutschen, vor allem sog. Gastarbeiter:innen und ihre Nachkommen ebenso wie geflüchtete Personen oder in Deutschland lebende Sinti:zze und Rom:nja, die heute vordergründig mit Verweis auf ihre vermeintlich andere Kultur »nach ihrer mehr oder minder großen Eignung« für bzw. ihrem »Widerstand« gegen eine Integration in die sog. deutsche Mehrheitsgesellschaft unterschieden und bewertet werden (vgl. Balibar 1992b: 28f.; Kollender/Kourabas 2020). Die ›andere Kultur‹ steht in diesem Zusammenhang vielfach als Synonym für ›Volk‹ bzw. ein ›monokulturelles Nationenverständnis‹. Dieses suggeriert, dass Kulturen als ›homogene Großkollektive‹ klar voneinander abgegrenzt werden können, und lässt Aussagen darüber zu, »wie jedes einzelne ›seiner‹ Individuen [...] tickt – als sei es erblich bedingt, angeboren oder statisch« (Arndt 2021: 338). Indem über den Verweis auf die ›andere Kultur‹ hintergründig eine Naturalisierung bzw. Rassialisierung von Unterschieden vorgenommen wird, wird die ›andere Kultur‹ zum »Sprachversteck für ›Rasse‹« (Leiprecht 2001: 172).

Ein sich so realisierender Kulturrassismus steht überall als Option des Deutens und Handelns zur Verfügung, so auch in Bildungsinstitutionen wie der Schule. Rassistische Typisierungs- und Klassifikationsschemata können hier z. B. aufgegriffen und entscheidungswirksam werden, wenn es um die Aufnahme von Kindern an Schulen oder ihre Platzierung in Förderklassen geht (vgl. Gomolla/Radtke 2009: 266); sie führen auch zu vergleichsweise niedrigeren Erwartungen bzw. schlechteren

Bewertungen hinsichtlich der Schulleistungen von migrantisch positionierten Schüler:innen sowie dazu, dass diese weniger Unterstützung durch ihre Lehrer:innen erhalten, seltener im Unterricht aufgerufen werden oder gegenüber ihren nicht migrantisch positionierten Klassenkamerad:innen häufiger Sanktionen in der Schule erfahren (vgl. Boudreau 2020; Lorenz/Gentrup 2017; Dreke 2012).

Rassismus betrifft nicht nur Schüler:innen und Pädagog:innen, sondern wirkt auch auf das Verhältnis von Eltern und Schule ein. Dies zeige ich im Folgenden anhand eigener Forschung zum Thema, näher auf. Am Fallbeispiel Berlin habe ich in dieser (1.) den politischen Diskurs über migrantisch positionierte Eltern in der Schule untersucht und u. a. gefragt, welches dominante, als selbstverständlich erachtete diskursive Wissen über diese Eltern hergestellt wird, (2.) wie sich dieses in das Verhältnis von Eltern und Schule einschreibt, hier institutionelle Ausschlüsse anleitet und begründet sowie (3.) die Erfahrungen und Subjektivitäten der Eltern prägt. Als Datengrundlage dienten hierfür insgesamt zehn qualitative, teilnarrative Interviews mit Schulleitungen, Lehrer:innen und Sozialarbeiter:innen aus weiterführenden Schulen in Berlin-Kreuzberg und Neukölln, 25 Interviews mit Eltern und Vertreter:innen von Elternvereinen sowie ein Textkorpus aus über 200 behördlichen und politischen Dokumenten, die vom Berliner Senat und von Berliner Behörden zwischen den Jahren 2000 und 2018 veröffentlicht wurden. Das Material habe ich über ein eigens für die Arbeit entwickeltes dispositivtheoretisch informiertes Forschungs- und Analysedesign ausgewertet (vgl. näher hierzu Kollender 2020: 85 ff.).

Die folgenden Ausführungen stellen Ausschnitte aus dieser Studie dar, sie konzentrieren sich auf die Darstellung eines rassismusrelevanten Wissens über Eltern in der Schule der Migrationsgesellschaft.

6.2 »Eltern stärker in die Pflicht nehmen«: Verhandlungen von Elternschaft im politischen Diskurs

Mit Verweis auf die zentrale Bedeutung, die eine ›intensive Kooperation‹ mit sowie die ›aktive Einbeziehung‹ von Eltern in die Lernentwicklung ihrer Kinder für ihre Schul- und Bildungserfolge einnehmen, haben Eltern in den letzten zwei Jahrzehnten nicht nur mehr Mitsprachemöglichkeiten in der Schule erhalten (vgl. Gomolla/Kollender 2019). Auch werden sie verstärkt dazu angehalten, über unterschiedliches Engagement in der Schule sowie im häuslichen Bereich auf den Bildungserfolg ihrer Kinder einzuwirken. Diesbezüglich wird von politischer Seite vielfach die Prämisse formuliert, »Eltern stärker in die Pflicht [zu] nehmen« (z. B. Berliner Senatsverwaltung für Bildung, Wissenschaft und Forschung 2011: 1).[4]

---

4 Die hier und im Folgenden angeführten Dokumentenverweise dienen der Veranschauli-

Dabei artikulieren sich im bildungspolitischen Diskurs ganz bestimmte Vorstellungen von einer schulischen Elternbeteiligung. Diese lassen darauf schließen, dass hier vor allem an solche Eltern gedacht wird, die als nützlich bewertete Erfahrungen, Kenntnisse und praktische Fähigkeiten in die Schule ihrer Kinder einbringen können. Diesbezüglich ist u. a. von »schulrelevanten Ressourcen in der Elternschaft« die Rede (z. B. Berliner Senatsverwaltung für Bildung, Jugend und Wissenschaft 2012: Punkt 21), die vor allem sog. bildungsnahen Eltern zugeschrieben werden. Sie bilden im politischen Diskurs den nicht weiter bestimmten Referenzpunkt, von dem ausgehend die Gruppe der ›bildungsfernen Eltern‹ charakterisiert wird. Dies geschieht weniger mit Verweis auf unterschiedliche Ausgangslagen der Eltern als auf bestimmte individuelle Charakteristika, die ›bildungsfernen Eltern‹ allgemein zugeschrieben werden. So z. B., wenn es heißt:

> »In den Nachmittagsstunden sind die Kinder dann in ihren vielfach bildungsfernen Elternhäusern, sitzen häufig vor dem Fernsehgerät, bekommen nur wenig sprachliche Anregungen und keine oder nur sehr geringe Unterstützung bei den Hausaufgaben durch die Eltern.« (Bezirksamt Neukölln 2015: 23 f.)

In der Auffassung, dass in »bildungsfernen Elternhäusern« das »Fernsehgerät« eine wesentliche Sozialisationsinstanz der hier lebenden Kinder darstellt, während die Eltern der ihnen von politischer Seite zugeschriebenen Unterstützungsverantwortung im Bereich der Hausaufgabenhilfe nicht nachkommen, werden die Eltern entlang der Kategorie des ›sozialen Hintergrundes‹ geandert. Darüber werden klassistische Sichtweisen auf Familien in benachteiligten Lebenslagen befördert, die sich auch in Verweisen auf eine ›bildungsfernen Eltern‹ häufig allgemein zugeschriebene Abhängigkeit von sozialen Transferleistungen artikulieren.

Im politischen Diskurs werden sog. bildungsferne Familien vielfach mit ›Familien mit Migrationshintergrund‹ gleichgesetzt. Die Kopplung von ›Migrationshintergrund‹ und ›Bildungsferne‹ drückt sich u. a. in der politischen Äußerung aus, dass letztere zwar »nicht nur«, aber »auch ethnisch-kulturell bedingt« sei (Beauftragte des Berliner Senats für Integration und Migration 2004: 5). Zum Ausdruck kommt eine gängige Problemsicht auf »Eltern von Migrantenkindern«, nach der diese »oftmals nicht über ausreichendes Wissen verfügen, um ihre Kinder sinnvoll unterstützen und fördern zu können« (dies. 2012: 32). Formulierungen wie diese basieren auf der Annahme von einer mangelnden Passung zwischen ›migrantischer‹ Familien- und ›deutscher‹ Schulkultur. Dabei werden mögliche unterschiedliche Bildungsvoraussetzungen in Familien mit (zugeschriebener) Migrationsgeschichte per se als Defizite in Relation zu einer vorgegebenen Norm definiert, die im politischen Diskurs nicht weiter expliziert wird. Ein solch natio-ethno-religiös-kulturelles Othering (vgl. Mecheril 2010), bei dem implizite wie explizite Verweise auf die vermeintlich ›andere Kultur‹, ›Bildungsferne‹, ›andere Herkunftssprache‹ sowie den ›muslimischen Hintergrund‹ von Eltern kumulieren, produziert essentialisierende Bilder über migrantisch positionierte Eltern. Diese legen wiederum behördlich-pädagogische Maßnahmen nahe, die auf eine Kompensation vermeintlich elterlicher Erzie-

---

chung; sie stehen für eine Fülle ähnlicher Formulierungen, die sich in mehreren Interviews und Dokumenten finden ließen.

hungsdefizite abheben, wie Elterninformations-, Sprach- und Integrationskurse. Diese Maßnahmen fungieren häufig nach dem Muster des *ausschließenden Einschlusses*. Sie heben vordergründig auf einen Einbezug von ›Eltern mit Migrationshintergrund‹ in Schule und Gesellschaft ab, erweisen sich letztlich jedoch in symbolischer sowie z. T. auch in materieller Hinsicht als exkludierend. Ein Beispiel hierfür stellt die Maßnahme der sog. Stadtteilmütter dar, die von der Berliner Senatsverwaltung für Bildung, Jugend und Familie wie folgt beschrieben wird:

> »Die Stadtteilmütter sind wichtige Ansprechpartnerinnen im Alltag für Familien aus einem ähnlichen Kulturkreis und übernehmen eine Brückenfunktion, um ihnen den Zugang zu Hilfs- und Unterstützungsangeboten im Sozialraum zu erleichtern. Dafür besuchen sie Mütter zu Hause und vermitteln ihnen ihr Wissen beispielsweise zu Themen wie der Entwicklung und Erziehung von Kindern, dem Umgang mit Medien, Gesundheitsförderung, Haushaltsführung sowie Spracherwerb und Sprachförderung. Sie ermutigen die Eltern, ihre Erziehungsverantwortung wahrzunehmen [sic] und zeigen Möglichkeiten auf, wie sie die Entwicklung der Kinder aktiv unterstützen können. Sie stellen Kontakte zu Behörden her, helfen Familien bei der Beantragung familiärer Leistungen und der Orientierung im hiesigen Versorgungssystem […].« (o. J.: o. S.)

Die von der Maßnahme adressierten Eltern werden hier, wie die »Stadtteilmütter« selbst, in einem anderen »Kulturkreis« positioniert, der eine Kluft herstellt zum »hiesigen« System, die es durch die Arbeit der Stadtteilmütter zu überbrücken gelte. Mit dem ›anderen Kulturkreis‹ werden auch hier nicht nur sprachliche Barrieren, sondern zugleich ein fehlendes Wissen in vielfältigen Lebensbereichen assoziiert sowie die Notwendigkeit, die Eltern darin anzuleiten, »ihre Erziehungsverantwortung wahrzunehmen«. Die Maßnahme basiert somit auf der Annahme, dass die Fähigkeiten und Kenntnisse der Eltern mit den institutionellen Anforderungen kompatibel sein und gegebenenfalls angepasst werden müssen, damit sie der »Entwicklung der Kinder« nicht schaden. Somit hebt die Maßnahme der »Stadtteilmütter« vordergründig auf einen Einbezug der Eltern in gesellschaftliche Institutionen ab, erweist sich jedoch zugleich insofern als exkludierend, als dass sie auf der ungleichheitsrelevanten Unterscheidung von Eltern mit und ohne Migrationshintergrund basiert und diese sowie hiermit verbundene essentialisierende Bilder über migrantisierte Eltern (re)produziert.

Das Projekt der »Stadtteilmütter« steht beispielhaft für das Gros der sich am Schnittfeld von Eltern und Schule bewegenden politisch-behördlichen Maßnahmen, die auf der Mikroebene der Familie ansetzen. Sie tragen (ungewollt) dazu bei, Bildungsungleichheiten zu individualisieren und unterschiedliche institutionelle und strukturelle Barrieren auszublenden, wie sie sich für viele Eltern u. a. durch (z. T. rassistische) sozial-, asyl- und arbeitsmarktrechtliche Rahmenbedingungen stellen. Gleichzeitig werden schulische Normalitätsannahmen bezogen auf die Eltern und ihre Rolle in der Schule nicht hinterfragt. Zugleich drückt sich in Maßnahmen wie der hier beschriebenen eine Fokussierung auf Frauen bzw. Mütter aus. Diese basiert sowohl auf (mehrheits-)gesellschaftlich tradierten Annahmen hinsichtlich familiärer Arbeitsteilungen und Geschlechterrollen als auch auf einem spezifischen diskursiven Othering von ›migrantisch-muslimischen Familien‹ als besonders patriarchal und von häuslicher Gewalt geprägt (vgl. näher hierzu Kollender 2020: 140 ff.).

Dass das hier für den Elterndiskurs skizzierte Wissen nicht eindimensional und eindeutig ist, zeigt sich in politischen Veröffentlichungen wie der Neufassung der KMK-Erklärung »Interkulturelle Bildung in der Schule« an (KMK 2013). In dieser wird – neben der deutlichen Problematisierung von schulischen Diskriminierungsverhältnissen – gefordert, Eltern »in die Gestaltung einer an Vielfalt orientierten Schulkultur und entsprechender Unterrichtsangebote« einzubeziehen (ebd.: 3). Dabei werden nun nicht mehr primär die Eltern, sondern die Schulen zur Verantwortung gezogen, diversitäts- und diskriminierungssensible Bedingungen herzustellen, die eine Beteiligung *aller* Eltern an schulischen Prozessen ermöglichen. Dabei allerdings nicht neu perspektiviert werden dominante Verständnisse hinsichtlich der Rolle und Verantwortlichkeiten von Eltern in der Schule. Nahegelegt wird eine Fokussierung der besonderen ›kulturellen Ressourcen‹ von Eltern mit zugeschriebener Migrationsgeschichte. Den Eltern wird somit auch hier eine Sonderrolle in der Schule zugesprochen, die nun zwar häufiger positiv konnotiert ist, sich jedoch auch mit einem kulturalistischen Othering verbindet.

Zudem hat das Prinzip des *Förderns und Forderns*, wie im Bereich der Sozial- und Arbeitsmarktpolitik, auch im politischen Sprechen über Eltern in der Schule in den letzten Jahren Konjunktur erfahren. In diesem Zusammenhang wird meist betont, dass insbesondere ›Eltern mit Migrationshintergrund‹ zur ›aktiven Beteiligung‹, ›aktiven Teilhabe‹, ›aktiven Unterstützung‹ sowie ›aktiven Mitgestaltung‹ in und von Schule durch verschiedene Maßnahmen mobilisiert werden sollen. Aus dem Kontext dieser Formulierungen geht hervor, dass die mit der Formel des Fördern und Forderns betonte Reziprozität von Integrationsbemühungen lediglich von symbolisch-strategischer Natur ist und es hier vor allem darum geht, elterliche Leistungen einzufordern (vgl. näher hierzu Gomolla/Kollender 2019).

6.3 »Es ist in ihrer Kultur so«: Schulische Konstruktionen von ›migrationsanderen Eltern‹

Die meisten der für die Studie »Eltern – Schule – Migrationsgesellschaft« interviewten Pädagog:innen aus Berliner Schulen problematisieren im Gespräch die Beobachtung, dass viele Eltern ihrer Schüler:innen nicht oder nur schwer erreichbar seien und Gesprächseinladungen nicht folgten. Einige der Pädagog:innen schlussfolgern hieraus, dass sich die Eltern nur bedingt für die schulischen Belange ihrer Kinder interessierten. Solch problematisierende Reflexionen über die Eltern ihrer Schüler:innen verbinden sich in den Ausführungen der Pädagog:innen vielfach mit Verweisen auf den hohen Anteil von ›Schüler:innen mit Migrationshintergrund‹ bzw. mit ›nicht-deutscher Herkunftssprache‹ an den Schulen. Damit labeln die Pädagog:innen die Abwesenheit von Eltern an ihrer Schule als ein migrationsspezifisches Problem. Zudem artikuliert sich in den Interviews die Annahme, dass die Eltern in ihren ›Herkunftsländern‹ eine schulische Sozialisation erfahren haben, die sich deutlich von der ›hiesigen Schulkultur‹ unterscheide. So erklärt ein Schulleiter das Verhalten von »arabischen Eltern«, die sich seiner Meinung nach »nicht besonders in der Schule ihrer Kinder einbringen«, wie folgt:

> »Es ist in ihrer Kultur so. Man gibt das Kind dem Lehrer ab in der Grundschule und holt's beim Abitur ab und dazwischen hat die Schule was zu tun. Und die Eltern haben eigentlich in ihrer Kultur weder Interesse noch in irgendeiner Form einen Anreiz, sich in Schule einzumischen.« (Dahlmann 4) [5]

Im Sinne von »weil ihre Kultur so ist« (vgl. auch Shooman 2014) wird hier ein bestimmtes elterliches Verhalten als quasi-natürliches Verhalten von »arabischen Eltern« konstruiert. Darüber werden als arabisch geanderte Eltern auf eine ›andere (National-)Kultur‹ festgelegt und ihr Verhalten allein vor diesem Hintergrund erklärt und gedeutet. Diese Logik artikuliert sich oft unabhängig davon, dass ein Wissen darüber besteht, ob die Eltern tatsächlich aus einem ›arabischen Land‹ kommen oder in Deutschland aufgewachsen und/oder geboren sind. Meist genügen hierfür bestimmte Erscheinungsmerkmale von Eltern, wie z. B. das Kopftuch, um kulturrassistische Deutungen wie die hier zitierte vorzunehmen. Ohne dass sie eine rassistische Intention der Pädagog:innen voraussetzen, sprechen Deutungen wie diese den Eltern die Fähigkeit ab, mögliche (u. a.) sozialisationsbedingte Unterschiede zwischen den Verständnissen von ihrer Rolle und den Erwartungen (in) der Schule wahrzunehmen, zu reflektieren und sich bewusst hierzu zu verhalten. Die Eltern erscheinen vielmehr in ihrer ›anderen Kultur‹ eingesperrt.

Otheringprozesse im Verhältnis von Eltern und Schulen artikulieren sich nicht immer explizit mit Verweis auf die ›andere Herkunftskultur‹ von Eltern. Auch wird auf eine mangelnde Aktivität und Leistungsbereitschaft bzw. ›Nehmermentalität‹ von Eltern rekurriert, wobei sich Problematisierungen hinsichtlich sog. arbeitsloser Eltern im Sprechen der Pädagog:innen vielfach mit einem natio-ethno-kulturellen Othering bzw. der Annahme verbinden, dass es sich bei den so kritisierten Eltern überwiegend um ›nicht-deutsche Eltern‹ handele. Die suggerierte Korrelation von ›fehlender Aktivität‹ bzw. ›Leistungsbereitschaft‹ und ›Migrationshintergrund‹ erlaubt somit ein Othering von Eltern entlang rassistischer Kriterien, ohne dass sich dabei explizit rassistischer Begründungs- und Deutungsmuster bedient wird. Die Annahme, dass sich soziale Unterstützung, insbesondere von migrantisierten Eltern, erst verdient werden müsse, mündet z. T. in direkten Verweisen auf das Prinzip des *Förderns und Forderns*, und hier insbesondere in Forderungen nach einem behördlichen und schulischen Ausbau von Sanktionen für Eltern, die schulischen Erwartungen nicht nachkommen, beispielsweise in Form des »Einfrieren(s) von Kindergeld« (Sommer 185).

Vor dem Hintergrund hier beschriebener Selbstverständnisse über ›migrationsandere Eltern‹ scheinen unterschiedliche Formen von (rassistischer) Diskriminierung, die die Eltern in Schule und Gesellschaft erfahren (s. unten), durch die Lehrkräfte als nicht relevante Einflussgrößen auf das Verhältnis von Eltern und

---

[5] Alle in diesem Kapitel genannten Namen wurden pseudonymisiert.

Schule wahrgenommen zu werden. So reagieren Lehrkräfte häufig skeptisch bis abweisend, wenn sie auf Diskriminierungen, die Eltern und ihre Kinder in der Schule erfahren (s. unten), im Rahmen der Interviews angesprochen werden (»Also diskriminiert ((!)) werden hier Schüler und Eltern überhaupt nicht,« ebd. 93). Die hier skizzierten Perspektiven auf migrantisierte Eltern legen zudem, wie im politisch-behördlichen Diskurs, Maßnahmen der Elternadressierung in der Schule nahe, die in erster Linie bei diesen verorteten Erziehungs-, Sprach- und/oder Bildungs-Defiziten ansetzen und darauf abheben, diese zu kompensieren.

Aus den Interviews geht zudem hervor, dass niedrigschwellige Beteiligungsangebote, die sich speziell an ›bildungsferne Eltern (mit Migrationshintergrund)‹ richten, einem Ausschluss dieser von schulischen Mitbestimmungsprozessen Vorschub leisten können. So wird von vielen Schulen berichtet, dass migrantisch positionierten Eltern zwar z. T. Angebote wie den Besuch des Elterncafés der Schule wahrnehmen, in schulischen Mitspracheremien gegenüber einer nicht migrantisch positionierten Elternschaft jedoch deutlich unterrepräsentiert seien. Diese Situation wird von Seiten der interviewten Pädagog:innen wiederum häufig mit einer vermeintlich kulturell bedingten Distanz der Eltern zu bzw. einem fehlenden Interesse an einer Beteiligung in schulischen Mitspracheremien erklärt als mit institutionellen Barrieren. Darüber schreiben sich ungleiche Mitbestimmungsmöglichkeiten ebenso wie eine Zweiteilung von Eltern in ›deutsche‹ und ›migrantische Eltern‹ weiter in Schule ein – im (zugespitzten) Sinne von: Die ›migrantischen Eltern‹ spielen im Elterncafé Bingo, während die ›deutschen Eltern‹ über die programmatische Entwicklung der Schule mitbestimmen.

6.4 »Als Mutter muss man täglich gegen solche Erfahrungen ankämpfen«: Elterliche (Rassismus-)Erfahrungen in der Schule

In Interviews mit Eltern von Berliner Schüler:innen schildern diese vielfältigen Erfahrungen, die sie oder ihre Kinder insbesondere mit einem Othering als muslimische und/oder türkisch-arabische Andere im Schulalltag verbinden. Diesbezüglich berichten die Eltern fast durchweg von einer ihnen in den Schulen entgegengebrachten Skepsis, die ihnen vermittle, dass sie nicht als pädagogisch relevantes Umfeld ihrer Kinder wahrgenommen werden. Dies beschreibt beispielsweise ein Elternteil wie folgt:

> »Wenn eine Mutter mit Kopftuch ankommt, wird ihr dann unterstellt, sie hat keine Ahnung, sie weiß eh nicht, worum es geht. Oder ich merke das an Cems [Name des Sohnes, E. K.] Freunden auch: Wenn die Frauen, die Mütter Kopftücher tragen, dass es dann immer heißt, die wissen nicht, wie der Leistungsstand ist, wie das Bildungssystem in Deutschland ist. [...] Man spürt das, man kann das

nicht genau fassen und definieren, aber man spürt einfach diese Vorbehalte und diese Diskriminierung.« (Soysal 12)

Die Kopplung von ›Bildungsferne‹ sowie ›muslimisch-migrantischem Hintergrund‹, wie sie oben für den politischen Diskurs nachgezeichnet wurde, wird hier in Form von »Vorbehalten« und »Diskriminierung« erlebt. Diese werden von dem hier zitierten Elternteil weniger auf ein intendiertes Handeln einzelner Lehrkräfte zurückgeführt als auf ein in Schule breit geteiltes institutionalisiertes Wissen, das als schwer zu greifen bzw. schwer zu adressieren beschrieben wird (»Man spürt das, man kann das nicht genau fassen«). So stellt es sich für viele Eltern als ein schwieriges Unterfangen heraus, Erfahrungen von Rassismus in der Schule ihrer Kinder anzusprechen. Stattdessen neigen einige Eltern dazu, sich möglichst konform zu den von ihnen antizipierten Idealen einer ›guten Elternschaft‹ zu verhalten, um sich von rassistischen Zuschreibungen abzugrenzen. Diese Eltern geben im Interview an, penibel darauf zu achten, wie sie sich in Gesprächen mit Lehrer:innen verhalten, kleiden und ihre Anliegen vortragen und dass sie ständig darum bemüht seien, sich als ›engagierte Eltern‹ in der Schule ihrer Kinder zu zeigen, damit diese erkennt: »Aha, der hat eine Familie, die sich um ihn kümmert« (ebd. 50).

Mit ihrer Positionierung als ›andere Eltern‹ sehen die Eltern vor allem die Gefahr einer ungerechten Behandlung und (Leistungs-)Beurteilung ihrer Kinder in der Schule verbunden. Sie empfinden deshalb einen besonderen Handlungsdruck, sich als ›gute Eltern‹ in der Schule zu beweisen und so einer Diskriminierung ihrer Kinder entgegenzuwirken. Dabei machen einige Eltern die Erfahrung, dass sie vor allem dann in der Schule als ›gute Eltern‹ (an)erkannt werden, wenn sie ihre Positioniertheit als ›Migrationsandere‹ einerseits ›authentisch‹ bestätigen – z. B. indem sie die Rolle der ›Kulturmittler‹ zwischen der Schule und anderen migrantisierten Eltern einnehmen – sowie andererseits mit bestimmten generalisierenden Annahmen über ›migrantische Eltern‹ brechen, indem sie sich besonders ›aktiv‹ und ›nützlich‹ in der Schule verhalten. Einige Eltern schildern ein Unwohlsein mit der ihnen hierdurch in der Schule zukommenden Position als ›Ausnahme von der Regel‹, da diese wiederum mit einem verstärkten rassistischen Othering von in Schule weniger sichtbaren Eltern mit vermeintlicher Migrationsgeschichte verbunden sei.[6]

Viele der Eltern berichten darüber hinaus von unterschiedlichen Bemühungen, ihre Kinder bei der Verarbeitung von Othering-Erfahrungen im familialen Umfeld zu unterstützen. So mobilisieren die Eltern hohe emotionale Ressourcen, um gegen Diskriminierungserfahrungen ihrer Kinder »an[zu]kämpfen«, diese »auszugleichen

---

6 Die Erkenntnis, dass es vor allem für den Schulerfolg des eigenen Kindes bedeutend ist, ›besser‹ und ›engagierter‹ zu sein als die nicht geanderte Elternschaft, wird von den interviewten Eltern z. T. auch an ihre Kinder weitergetragen. Dies geschieht u. a. in Form von Appellen, sich in der Schule besonders anzustrengen bzw. besondere Leistung zu zeigen, um so einer schulischen Diskriminierung vermeintlich die Grundlage zu entziehen. Auch aufgrund gefühlter Wirkungslosigkeit, rassistische Diskriminierung in der Schule anzusprechen, wird die Orientierung am meritokratischen Leistungsprinzip den Kindern als eine Möglichkeit vermittelt, um sich von diskriminierenden Zuschreibungen in Schule und Gesellschaft zu emanzipieren (vgl. näher hierzu Kollender 2022).

und zu kompensieren« – eine Form des elterlichen Engagements, das von Schule oft nicht gesehen bzw. als ein solches verstanden wird (s. oben):

> »Als Mutter muss man tagtäglich gegen solche Erfahrungen ankämpfen, die die Kinder machen, und versucht, das irgendwie auch zu relativieren, auszugleichen und zu kompensieren [...]. Aber es ist eben eine Erfahrung, die man macht und die einen wirklich als Mutter insbesondere auch sehr, sehr beeinflusst, auch emotional. [...] als Mutter denkt man dann: ›Warum muss mein Kind das auch durchmachen‹, ne?« (Turgut 16)

Die interviewten Eltern wenden zudem verschiedene Strategien an, um die beschriebenen Missstände in der Schule aufzuzeigen und zu kritisieren. Im Kontakt mit den Lehrer:innen ihrer Kinder sind dies meist subtil-subversive Praktiken, über die die Eltern versuchen, ein rassistisches Wissen über sie zu irritieren. So erscheint es für viele Eltern wichtig, dass ihre Kritik implizit bleibt und sie sich trotz der negativen Adressierungserfahrung den Lehrkräften gegenüber kooperativ verhalten, um negative Auswirkungen eines offenen Konfliktes mit Lehrkräften für ihre Kinder im Schulalltag zu verhindern.

Ein Elternteil beschreibt beispielsweise zahlreiche Vorbehalte gegenüber muslimischen Schüler:innen an der Schule seiner Tochter, die mit konkreten Versuchen der Klassenlehrerin einhergingen, die Tochter sowie Mitschülerinnen von religiösen Praktiken wie vom Tragen des Kopftuchs abzubringen. So sei die Tochter schon mehrmals von »ihrer Klassenlehrerin angemotzt« worden und es hieß: »›Du sollst nicht mehr zur Moschee gehen, weil du da falsch rum liest, und hier in der Schule kannst du nicht lernen‹« (Kurban 64 ff.). Die Tochter sei daraufhin immer »sehr traurig« (ebd.) von der Schule nach Hause gekommen. Das Elternteil erzählt, dass es daraufhin das Gespräch mit der Lehrerin gesucht und darin seinen Unmut über die Situation zum Ausdruck gebracht habe: »Ich sag': ›Das können Sie doch nicht einem Kind ((!)) [...] sagen: ›Du sollst nicht mehr zu Moschee gehen.‹ Das dürfen Sie doch gar nicht sagen!« (ebd.). Das Elternteil nimmt hier auf das Grundrecht der Religionsfreiheit Bezug, kritisiert das Vorgehen der Lehrkraft dabei allerdings nicht nur, sondern führt dieser auch alternative Möglichkeiten vor, wie sie das von ihr wahrgenommene Problem frühzeitig hätte ansprechen können: »Hab' ich dann auch mit der Lehrerin gesprochen, ich sag': ›Sie könnten das mit mir besprechen. Ich hätte Sie aufklären können. Oder wenn Sie Interesse haben, kommen Sie einfach zur Gemeinde und gucken sich an, was hier alles passiert‹« (ebd.). Dieser Kommunikationsverlauf steht beispielhaft für viele Gespräche mit Lehrkräften, in denen Eltern gegen rassistische Praktiken in der Schule ihrer Kinder vorgehen und dabei antizipieren, dass sie auf Widerstand und Unverständnis auf Seiten der Lehrkräfte stoßen. So artikuliert sich in vielen Interviews ein Selbstverständnis der Eltern, dass in erster Linie sie es sind, die im Austausch über rassistische Vorfälle in der Schule auf die Lehrkräfte sensibel zu- und eingehen sowie unmittelbar Lösungs- bzw. Kompromissvorschläge einbringen müssen, um Gehör für ihre Anliegen zu finden.

Einige Eltern erzählen zudem, dass die von ihnen und ihren Kindern erlebte Diskriminierung sie dazu motiviert habe, sich in schulischen Gremien, der Schulinspektion, in Elternvereinen oder zivilgesellschaftlichen Initiativen zu engagieren, um dadurch Veränderungsprozesse auf politischer und schulischer Ebene anzuregen. Diesbezüglich teilen einige Eltern dennoch den Eindruck, in schulischen Gremien nicht gehört bzw. übergangen zu werden. So auch Frau Soysal, die sich im Interview als muslimische Mutter mit Kopftuch positioniert und als Elternsprecherin an der Schule der Tochter tätig ist. Sie erzählt u. a., dass sie im Rahmen der Überarbeitung der Schulordnung, die von der Schulleitung in eine Sitzung der Elternvertretung eingebracht wurde, auf eine neu hinzugefügte Regelung stieß, die sich auf ein Kopftuchverbot an der Schule bezog: »Da stand: ›Es dürfen keine Kinder mit Kopftuch in den Klassenraum kommen‹« (Soysal 74 ff.). Auf die darauffolgende Intervention der Mutter (»Was soll denn das?«) entgegnete die Schulleitung, dass sich die Regelung nicht auf das Kopftuch, sondern Cappies beziehe. Mit der Aussage der Schulleitung fühlt sich die Mutter absichtlich in die Irre geführt (»Aber da steht kein Cappy. Da steht Kopftuch!«, ebd.). Dieses Gefühl sei dadurch verstärkt worden, dass die hinzugefügte Regelung nicht von der Schulleitung angesprochen wurde, sondern von der Mutter zunächst entdeckt werden musste. Ihre Intervention führt schließlich dazu, dass die geplante Formulierung zum Kopftuchverbot aus der Schulordnung entfernt wird.

Das Beispiel verdeutlicht die Bedeutung einer Repräsentanz von Eltern in schulischen Gremien, die von Rassismus betroffen sind, für die Gestaltung einer diskriminierungssensiblen Schulkultur. Zugleich kommt in den Interviews allerdings auch zum Ausdruck, dass es von den Eltern z. T. hohen Einsatz verlangt, um Sensibilität für rassistische Praktiken an der Schule ihrer Kinder herzustellen. So beschreibt ein Elternteil, dass es sich durch eigene diskriminierungskritische Interventionen an der Schule ihrer Kinder und das Gefühl, hier gegen erlebte Ungerechtigkeiten protestiert zu haben, zwar »erleichtert« fühle, sich jedoch »manchmal« sage: »›Mensch ich schaff das nicht, das kostet einen so viel Kraft‹« (Turgut 190).

6.5 Elternbeteiligung als Teil rassismussensibler Schulkultur denken

In diesem Beitrag habe ich eine rassismuskritische Perspektive auf aktuelle Dynamiken am Schnittfeld von Eltern, Schule und Migrationsgesellschaft eingenommen. Skizziert wurde, wie über das Zusammenspiel von politischem Diskurs und schulischen Praktiken ein spezifisches Wissen über Eltern entsteht und in die Institution Schule einschreibt. Dieses Wissen ist insbesondere von (kultur-)rassistischen Logiken informiert. Es resultiert nicht primär aus einem ›falschen Denken‹ oder ›bösen Willen‹ von Lehrkräften, sondern ist in Form eines scheinbar selbstverständlichen rassistischen Wissens im politischen Diskurs über ›Eltern mit Migrationshintergrund‹ verankert und leitet das Verhältnis von Eltern und Schule (unsichtbar) an, während es die Erfahrungen von bestimmten Eltern und ihren Kindern in der Schule z. T. entscheidend prägt. Über ein solch rassistisches Wissen und hiermit verbundene behördliche, schulische und pädagogische Praktiken werden komplexe Macht- und Dominanzverhältnisse zwischen Eltern und Bildungsinstitutionen ebenso wie institutionelle und strukturelle Barrieren verschleiert, die viele Eltern und ihre Kinder in Schule und Migrationsgesellschaft erfahren. Dadurch wird eine vorwiegend einseitige, primär bei den ›Migrationssubjekten‹ ansetzende Bearbeitung von Bildungsungleichheiten weiter gestützt.

Das hier beschriebene Othering von Eltern entlang natio-ethno-kultureller Grenzlinien ist vielfach intersektional verwoben mit Zuschreibungen rund um den ›muslimischen Hintergrund‹ von Eltern sowie weitere ungleichheitsrelevante Kategorien wie ›elterlicher Bildungsferne‹ und/oder ›Arbeitslosigkeit‹. Daraus resultieren komplexe Otheringprozesse, die auch durch die aktuelle Konjunktur neoliberaler gesellschaftlicher Prämissen und Transformationen im Schul- und Bildungssystem befördert werden. So entstehen vor dem Hintergrund aktueller neoliberaler Bildungsreformen – und einer hiermit verbundenen Verengung von sozialer Gerechtigkeit auf das meritokratische Prinzip der Leistungsgerechtigkeit – neue Legitimationszusammenhänge für institutionelle Ausschlüsse insbesondere von migrantisierten Eltern, ohne dass sich dabei explizit und vorsätzlich rassistischer Begründungs- und Deutungsmuster bedient wird (vgl. näher hierzu Kollender 2016; 2020).

Um Rassismus im Verhältnis zwischen Schule und Elternhaus zu thematisieren und zu adressieren, sind Prozesse auf unterschiedlichen Gestaltungsebenen notwendig. Diesbezügliche Konzepte einer diskriminierungskritischen Schulentwicklung, die sowohl bei bildungspolitischen und schulrechtlichen Rahmenbedingungen als auch bei Aspekten der Organisationsentwicklung von Schule, der Unterrichtskonzeption sowie im pädagogischen Alltag von Lehrkräften ansetzen, wurden für den deutschen Kontext bereits von unterschiedlichen Akteur:innen formuliert (vgl. u. a. Antidiskriminierungsstelle des Bundes 2019; Foitzik et al. 2018; Karakaşoğlu 2011). Diese betonen auch, dass sich im Rahmen der Konzeption von Elternbeteiligungsmaßnahmen sowie einer diesbezüglichen Professionalisierung von Pädagog:innen die Aufmerksamkeit von einzelnen Elterngruppen und ihren vermeintlich kulturspezifischen Besonderheiten auf die institutionellen und strukturellen Hindernisse einer gleichberechtigten Teilhabe der Eltern aller Schüler:innen in der Schule verschieben muss. Dabei können Forderungen nach einer ›Partnerschaft auf Augenhöhe‹ von Eltern und Schule zur Plattitüde werden, wenn nicht die unterschiedlichen Bedingungen und Voraussetzungen reflektiert und bearbeitet werden, die viele Eltern daran hindern, die ihnen zugesprochenen Beteiligungsmöglichkeiten und Rechte in Schule wahrzunehmen. Diese unterschiedlichen Ausgangsbedingungen gilt es, nicht nur im pädagogischen Alltag zu reflektieren, sondern auch über konkrete behördliche und schulische Maßnahmen wie die Institutionalisierung von Übersetzungshilfen an allen Schulen, auch für spontan stattfindende Elterngespräche, sowie die Zusammenarbeit in schulischen Gremien. Zudem fehlt es in Schulen nach wie vor an Zeit und Ressourcen, die eine diskriminierungssensible Elternarbeit an den Schulen erfordert, die im Stundendeputat sowie bei der Besoldung von Lehrkräften und Sozialpädagog:innen stärker berücksichtigt werden muss. Auch die Implementierung eines umfassenden Diskriminierungsschutzes für Eltern und ihre Kinder in den (Schul-)Gesetzen der Bundesländer sowie über die Einrichtung von unabhängigen Informations- und Beschwerdestellen, an die sich von Diskriminierung betroffene Eltern und Schüler:innen wenden können, sind wesentliche Instrumente (auch) für eine rassismussensible Elternbeteiligung in Schule – Entwicklungen, wie sie in Berlin mit der Verabschiedung des Landesantidiskriminierungsgesetzes (LADG) im Jahr 2020 angestoßen wurden, während in anderen Bundesländern ein diesbezügliches Handeln noch aussteht.

Nicht zuletzt braucht es (mehr) Räume, in denen sowohl innerhalb des pädagogischen Kollegiums als auch mit den Eltern der Schüler:innen selbstverständliche Annahmen und Rollenverständnisse reflektiert und ausgehandelt ebenso wie Rassismuserfahrungen angesprochen und gehört werden können.[7] Hierzu erscheint es mit Blick auf die oben dargestellte Analyse zentral, dass Pädagog:innen sich die Verwobenheit ihres täglichen Handelns in breitere gesellschaftspolitische Entwicklungen und Diskurse bewusst machen, um diskriminierende Mechanismen in sowie im Kontext von Schule zu (be-)greifen und sensibel dafür zu sein, dass sich ein rassistisches Alltagswissen nicht nur in Form eines ›heimlichen Lehrplans‹ in schulische Routinen einschreiben kann, sondern auch im Rahmen schulischer ›Elternarbeit‹ – diese nicht verstanden als Arbeit *an* Eltern, sondern *mit* allen Eltern der Schule der Migrationsgesellschaft.

Literatur

AdB, Antidiskriminierungsstelle des Bundes (2013): Diskriminierung im Bildungsbereich und im Arbeitsleben. Berlin: Antidiskriminierungsstelle des Bundes.
AdB, Antidiskriminierungsstelle des Bundes (2019): Diskriminierung an Schulen erkennen und vermeiden. Praxisleitfaden zum Abbau von Diskriminierung in der Schule. Online verfügbar unter: https://www.antidiskriminierungsstelle.de/SharedDocs/downloads/DE/publikationen/Leitfaeden/leitfaden_diskriminierung_an_schulen_erkennen_u_vermeiden.pdf?__blob=publicationFile&v=4, Zugriff am 11.02.2022.
Arndt, S. (2021): Rassismus begreifen. München: C. H. Beck.
Balibar, É. (1992a): Gibt es einen ›Neo-Rassismus‹?. In: É. Balibar & I. Wallerstein (Hrsg.), Rasse, Klasse, Nation. Ambivalente Identitäten (S. 23–38). Hamburg/Berlin: Argument.
Balibar, É. (1992b): »Es gibt keinen Staat in Europa«. Rassismus im heutigen Europa. In: Institut für Migrations- und Rassismusforschung e. V. (Hrsg.), Rassismus und Migration in

---

7 Dabei können Fragen in den Blick geraten wie: »Wie können Bildungsveranstaltungen für Eltern konzipiert werden, die keine Fragen beantworten, die niemand gestellt hat« und »in denen die Eltern nicht ›erzogen‹ werden sollen?«; »[w]ie kann eine Sprachmittlung gestaltet werden, die die Kommunikation mit Eltern mit geringen Deutschkenntnissen sichert und dabei signalisiert, ›nicht du bist mein Problem, sondern wir haben ein gemeinsames Problem‹?«, oder »[w]ie können Eltern, die selbst Diskriminierungserfahrungen machen, über Empowermentangebote gestärkt werden?« (vgl. Foitzik et al. 2018: 234).

Europa. Beiträge des Hamburger Kongresses »Migration und Rassismus in Europa« (S. 10–29). Hamburg/Berlin: Argument.

Bauer, P., Neumann, S., Sting, S., Ummel, H. & Wiezorek, C. (2015): Familienbilder und Bilder ›guter‹ Elternschaft. Zur Bedeutung eines konstitutiven, aber vernachlässigten Moments pädagogischer Professionalität. Neue Praxis: Zeitschrift für Sozialarbeit, Sozialpädagogik und Sozialpolitik, Sonderheft 12, 16–28.

Beauftragte des Berliner Senats für Integration und Migration (2004): Integrationspolitische Schwerpunkte 2003–2005. Berlin: Beauftragte des Berliner Senats für Integration und Migration.

Berliner Senatsverwaltung für Bildung, Jugend und Familie (o.J.): Landesprogramm Stadtteilmütter. Online verfügbar unter: https://www.berlin.de/sen/jugend/familie-und-kinder/familienfoerderung/stadtteilmuetter, Zugriff am 11.02.2022.

Berliner Senatsverwaltung für Bildung, Jugend und Wissenschaft (2012): Gute Schule – die Online-Kartei. Berlin: Senatsverwaltung für Bildung, Jugend und Wissenschaft.

Betz, T., Bischoff, S. & Kayser, L. B. (2017): Unequal Parents' Perspectives on Education. An Empirical Investigation of the Symbolic Power of Political Models of Good Parenthood in Germany. In: T. Betz, M.-S. Honig & I. Ostner (Hrsg.), Parents in the Spotlight: Parenting Practices and Support from a Comparative Perspective (S. 99–118). Opladen: Barbara Budrich.

Bezirksamt Neukölln (2015): Schulentwicklungsplan Neukölln. 2015–2019. Berlin: Bezirksamt Neukölln.

Boos-Nünning, U., Di Bernardo, L., Rimbach, B. & Wolbeck, I. (2008): Zusammenarbeit mit zugewanderten Eltern – Mythos oder Realität? Materialband für Beraterinnen und Berater im Arbeitsfeld »Übergang Schule/Beruf«. Essen: RAA NRW.

Bourdeau, E. (2020): Measuring Implicit Bias in Schools. Online verfügbar unter: https://www.gse.harvard.edu/news/uk/20/08/measuring-implicit-bias-schools, Zugriff am 11.02.2022.

Chamakalayil, L., Ivanova-Chessex, O., Leutwyler, B. & Scharathow, W. (Hrsg) (2021), Eltern und pädagogische Institutionen. Macht- und ungleichheitskritische Perspektiven. Weinheim/Basel: Beltz.

Dreke, C. (2012): Künftige Lebenswege von Schulkindern: Deutungsmuster sozialer Ungleichheit von Lehrkräften in Italien und Deutschland. Wiesbaden, Springer VS.

Fegter, S., Heite, C., Mierendorff, J. & Richter, M. (2015): Neue Aufmerksamkeiten für Familie Diskurse, Bilder und Adressierungen in der Sozialen Arbeit. Neue Praxis: Zeitschrift für Sozialarbeit, Sozialpädagogik und Sozialpolitik, Sonderheft 12, 3–11.

Fereidooni, K. & Simon, N. (2020): Rassismuskritische Fachdidaktiken. Theoretische Reflexionen und fachdidaktische Entwürfe rassismuskritischer Unterrichtsplanung. Wiesbaden, Springer VS.

Foitzik, A., Holland-Cunz, M. & Riecke, C. (2018): Praxisbuch Diskriminierungskritische Schule. Weinheim: Beltz.

Geier, T. (2016): Schule. In: P. Mecheril, V. Kourabas & M. Rangger (Hrsg.), Handbuch Migrationspädagogik (S. 433–448). Weinheim: Beltz.

Gomolla, M. & Kollender, E. (2019): Schulischer Wandel durch Elternbeteiligung? Kontinuitäten und Neuverhandlungen der Bilder von ›Eltern mit Migrationshintergrund‹ im politischen Diskurs der BRD. Diversitäts- und Antidiskriminierungskonzepte im Feld von Schule und Migration – Erfordernisse, Spannungen und Widersprüche. Zeitschrift für Diversitäts- und Managementforschung (1), 28–42.

Gomolla, M. & Radtke, F.-O.– (2009): Institutionelle Diskriminierung. Die Herstellung ethnischer Differenz in der Schule. Wie Schule Schulversager erzeugt. Wiesbaden: VS Verlag für Sozialwissenschaften.

Gomolla, M. & Rotter, C. (2012): Zugewanderte und einheimische Eltern: Gemeinsamkeiten und Unterschiede in der Beurteilung von Schulpolitik und -praxis. In: D. Kilius, K.-J. Tillmann (Hrsg.), Eltern ziehen Bilanz. Trendbericht zu Schule und Bildungspolitik in Deutschland. 2. Jako-O-Bildungsstudie (S. 113–142). Münster et al.: Waxmann.

Karakaşoğlu, Y., Gruhn, M. & Wojciechowicz, A. A. (2011): Interkulturelle Schulentwicklung unter der Lupe. (Inter-)Nationale Impulse und Herausforderungen für Steuerungsstrategien am Beispiel Bremen. Münster: Waxmann

KMK, Ständige Konferenz der Kultusminister der Länder (2013): Interkulturelle Bildung und Erziehung in der Schule. Beschluss vom 25.10.1996 i.d.F. vom 015.12.2013.
Kollender, E. (2016): »Die sind nicht unbedingt auf Schule orientiert.« Formationen eines ›racial neoliberalism‹ an innerstädtischen Schulen Berlins. movements. Journal for Critical Migration and Border Regime Studies, 2 (1). Online verfügbar unter: http://movements-journal.org/issues/03.rassismus/03.kollender–die.sind.nicht.unbedingt.auf.schule.orientiert.html, Zugriff am 5.05.2022.
Kollender, E. (2020): Eltern – Schule – Migrationsgesellschaft. Neuformation von rassistischen Ein- und Ausschlüssen in Zeiten neoliberaler Staatlichkeit. Bielefeld: transcript.
Kollender, E. (2022): »Dann ist man wieder die mit dem Migrationshintergrund.« Subjektivationsprozesse von Eltern vor dem Hintergrund neoliberaler Bildungsreformen. In: L. Chamakalayil, O. Ivanova-Chessex, B. Leutwyler, W. Scharathow (Hrsg.), Eltern und pädagogische Institutionen: Macht- und ungleichheitskritische Perspektiven. (S. 72–90). Weinheim: Beltz-Juventa.
Leiprecht, R. (2001): Alltagsrassismus. Eine Untersuchung bei Jugendlichen in Deutschland und den Niederlanden. Münster et al.: Waxmann.
Liebscher, D. (2021): Rasse im Recht – Recht gegen Rassismus. Genealogie einer ambivalenten rechtlichen Kategorie. Berlin: Suhrkamp. In: M. Johannsen (Hrsg.), Schwarzweissheiten: vom Umgang mit fremden Menschen (S. 170–177). Oldenburg: Isensee.
Lorenz, G. & Gentrup, S. (2017): Lehrererwartungen und der Bildungserfolg von Schülerinnen und Schülern mit Migrationshintergrund. In: Berliner Institut für empirische Integrations- und Migrationsforschung / Sachverständigenrat deutscher Stiftungen für Integration und Migration (Hrsg.), Vielfalt im Klassenzimmer. Wie Lehrkräfte gute Leistung fördern können (S. 24–37). Berlin: SVR.
Mecheril, P. (2010): Migrationspädagogik. Hinführung zu einer Perspektive. In: P. Mecheril, M. d. M. Castro Varela, I. Dirim, A. Kalpaka & C. Melter (Hrsg.), Migrationspädagogik. (S. 7–22). Weinheim/Basel: Beltz.
Miles, R. (1991): Rassismus. Einführung in die Geschichte und Theorie des Begriffs. Hamburg: Argument Verlag.
Quehl, T. (2015): Rassismuskritische und diversitätsbewusste Bildungsarbeit in der Schule. In: R. Leiprecht & A. Steinbach (Hrsg.), Schule in der Migrationsgesellschaft. Ein Handbuch. Band II (S. 179–206). Schwalbach/Ts.: Debus.
Shooman, Y. (2014): »…weil ihre Kultur so ist«. Narrative des antimuslimischen Rassismus. Bielefeld: transcript.
Waterstradt, D. (2015): Prozess-Soziologie der Elternschaft. Nationsbildung, Figurationsideale und generative Machtarchitektur in Deutschland. Münster: Monsenstein und Vannerdat.
Westphal, M, Motzek-Öz, S. & B. Otyakmaz, B. Ö. (2017): Elternschaft unter Beobachtung. Herausforderungen für Mütter und Väter mit Migrationshintergrund. Zeitschrift für Soziologie der Erziehung und Sozialisation 37(2), 142–157.
Wiezorek, C. & Pardo-Puhlmann, M. (2013): Armut, Bildungsferne, Erziehungsunfähigkeit. Zur Reproduktion sozialer Ungleichheit in pädagogischen Normalitätsvorstellungen. In: F. Dietrich, M. Heinrich & N. Thieme (Hrsg.), Bildungsgerechtigkeit jenseits von Chancengleichheit. Theoretische und empirische Ergänzungen und Alternativen zu ›PISA‹ (S. 197–214). Wiesbaden: Springer VS.

7   Multilingualism, Language Education, and the Politics of Comparison

Jeff Bale

Introduction

On October 20, 2015, Canadian Prime Minister Justin Trudeau gave a speech in front of his supporters. The day before, his party had won a majority government, elevating him to the position of Prime Minister and putting an end to 10 years of rule by the Conservative Party. In his speech, Trudeau stated:

> »I want to say this to this country's friends around the world. Many of you have worried that Canada has lost its compassionate and constructive voice in the world over the past 10 years. Well, I have a simple message for you, on behalf of 35 million Canadians: we're back.« (Canadian Broadcasting Corporation, 2015, n. p.)

On May 27, 2021, the Tk'emlúps te Secwépemc First Nation in British Columbia issued a press release that also reverberated around the world. Their statement read:

> »It is with a heavy heart that Tk'emlúps te Secwépemc Kukpi7 (Chief) Rosanne Casimir confirms an unthinkable loss that was spoken about but never documented by the Kamloops Indian Residential School. This past weekend, with the help of a ground penetrating radar specialist, the stark truth of the preliminary findings came to light – the confirmation of the remains of 215 children who were students of the Kamloops Indian Residential School … ›We had a knowing in our community that we were able to verify. To our knowledge, these missing children are undocumented deaths,‹ stated Kukpi7 Rosanne Casimir. ›Some were as young as three years old. We sought out a way to confirm that knowing out of deepest respect and love for those lost children and their families, understanding that Tk'emlúps te Secwépemc is the final resting place of these children.«‹ (Tk'emlúps te Secwépemc, 2021, p. 1)

With these findings, as well as additional unmarked graves found since then at other residential school sites, some Indigenous communities have been able to begin healing from the ongoing trauma of having children taken from their communities, never to return. And yet, as Chief Casimir's words suggest, Indigenous communities have known of this violence and made claims about unmarked graves for decades (McCue, 2022). They have argued this to government authorities. They have borne witness to this as part of the Truth and Reconciliation Commission (2015), whose primary task was to document the history and legacies of the residential school system.

It seems that only now, with the benefit of »science« (i. e., ground-penetrating radar), that this knowledge is being taken seriously by non-Indigenous people (Supernant, 2022). The announcement generated heightened awareness among non-Indigenous people about one of the most violent and dehumanizing aspects of white-settler colonialism in Canada. At various levels of government, millions of dollars have been promised to help search the grounds of other former residential schools (Supernant, 2022). As of January 2022, 1,800 unmarked burial sites have been confirmed (Lee & Parkhill, 2022).

I begin by juxtaposing Trudeau's words with those of Chief Casimir not only to pose the obvious rhetorical question: Precisely what kind of »compassionate and constructive voice« is it that came »back« in October, 2015? Indeed, it is by erasing residential schools of the past and white-settler colonial practices of the present that the Canadian state seeks to present itself as a reasonable player on the world stage.

But also, I start here so as to frame the politics of comparative education research, in this case on multilingualism and language-education policies. As a researcher based in Canada who regularly works with colleagues based in Germany and Austria, I often experience the weight of expectations that Canada provide a useful or positive model of »managing« multilingualism, migration, and schools. In fact, these expectations can sometimes feel as intense as the cheers that greeted Trudeau's pronouncement »we're back« (see Canadian Broadcasting Corporation, 2015, 0:25)

These expectations reveal at least two dimensions inherent in the politics of comparative education research. The first concerns the *production* of such research as an *alibi*. I am not the only researcher based in Canada who shares their work abroad. Yet, in my experience, some Canadian researchers are all too willing to put forward Canadian policies, curriculum and practices of language education and »integration« as positive models for others to follow. As I argue in this article, there is much to learn from Canadian experiences on these questions. However, this learning depends on confronting both the historical and ongoing racial ordering of Canadian schools, and the role that language-education policies play in (re-)inscribing this racial ordering. Projecting Canada as a model for others to follow *without* asking these critical questions is akin to looking for an alibi. Just as Trudeau's claims about Canada's »compassionate and constructive voice« require erasing the history, legacies, and ongoing reality of white-settler colonialism, so too do Canadian researchers' commitments to projecting Canada as a positive role model depend on averting our eyes from the contemporary racial and linguistic ordering of Canadian schools.

The second political dimension has to do with the *consumption* of comparative education research as *shock*. Since 2015, I have had the opportunity to share my research with multiple academic audiences in Germany, as well as to represent Canada on a research project sponsored by the European Modern Language Centre of the Council of Europe in Graz, Austria. Further, as is the case for most Canadian researchers, I am also active in professional scholarly organizations based in the United States. It has often been my experience that these audiences respond to the substance of my research with shock. I understand this shock as a strong, sometimes even visceral response to recognizing the gap between one's assumptions about Canada as a »compassionate and constructive voice« and the empirical evidence I present that suggests otherwise. Especially in the European context, this shock is often caught up with disappointment that the expectations one holds about Canada as a potential model are misplaced. I have learned to respond to this shock by asking audience members to consider how they define the »problems« they hope Canada has the »answers« to. If, as I argued earlier, portraying Canada as a positive model for »managing« multilingualism, migration and schools depends on Canadian researchers actively ignoring the racial and linguistic ordering of Canadian schools, then to what extent might non-Canadians' expectations for Canada rely on undertheorizing – or ignoring outright – the racial and linguistic ordering of schools in their own national or regional contexts?

In this article, my goal is to provide an example based on Canadian schools for others to consider, but one that is centred on understanding the racial and linguistic ordering of Canadian schools and what that means for racialized multilingual learners. After providing some general contextual information about Canada and an overview of the research study that informs this article, I discuss the suite of formal policies that regulate language-education programs in Ontario, Canada. I then analyze the consequences of these policies, both in terms of lived experiences of racialized and multilingual learners in Ontario schools, as well as how multilingual learners come to be understood. Finally, I share findings about the conditions that support teacher candidates in learning to disrupt this linguistic and racial ordering and to support multilingual learners in new ways.

7.1 The Canadian Context

To support readers in understanding the arguments that follow with respect to language education in Ontario schools, it is important to build some context about Canada. While Canada is the second-largest country in the world by land mass, it is home to only 36.6 million people (Statistics Canada, 2022). The Canadian state is the product of over 400 years of white-settler colonialism, as well as open rivalry between two colonial powers, France and England, over which empire would control this territory and how. Far from being relics of a distant past, processes of settler colonialism are a mainstay of the Canadian state. Resource extraction remains a central pillar of the Canadian economy, solidifying control over both treaty and unceded lands[1], and further encroaching on First Nations, Métis, and Inuit territories (Preston, 2017). Economic control requires social control as well: there are currently more Indigenous children living in formal state care than when residential schools still existed (Fallon et al., 2021), while Indigenous people are sharply overrepresented in the carceral system and as targets of police violence (Maynard & Simpson, 2022). Although the Canadian government finally implemented the *Indigenous Languages Act* in 2019, the legislation provides little of the regulatory power or money that is afforded to English and French, Canada's official languages (Fontaine et al., 2019). I expand on this point later in the article.

---

1 For definitions of treaty and unceded land in the Canadian context, see Wilkes et al., 2017.

The Canadian state has always relied on bringing new people to this territory, whether by force, by contract, or by invitation. This movement has always been, and continues to be, highly racialized. This includes Canada's participation in Atlantic slavery (Maynard, 2017), as well as contracting Chinese railway workers, Japanese agricultural workers, and Punjabi forestry workers in the late 19th century (see Guo & Wang, 2015; Mazumbar, 1984). While racist laws preventing immigration from Asia, Africa and Latin America ended in the mid-1960s, a variety of temporary foreign-worker programs continue to this day. Such programs bring workers to Canada to work in mining, fisheries, agriculture, as live-in caregivers and so on. In 2021, the largest numbers of temporary workers originated from Mexico, Guatemala, Jamaica, India, and the Philippines (Employment and Social Development Canada, 2022).

In addition, Canada welcomes hundreds of thousands of newcomers each year as a matter of federal policy. The 2022 target is over 430,000 people – the largest ever – across a number of formal immigrant and refugee categories (Government of Canada, 2022a). These targets reflect a neoliberal approach to immigration: they use a points system to prioritize so-called »economic class« immigrants with formal post-secondary education, who already speak English and/or French and already have some experience in Canada, over those migrating to Canada for family-reunification or other humanitarian reasons (Haque, 2017). Federal immigration targets do not include student visas, although the federal government expects that many international students will ultimately settle here. However, this approach to migration is also impacted by racism. For example, it was recently revealed that the federal government was rejecting student visa applications of Francophone West African applicants at significantly higher rates than students from other parts of the world (Venne, 2022).

A single comparison underscores the extent to which immigration to Canada is subject to racialized control. During the peak of the civil war in Syria in 2015–2016, Canada accepted only 25,000 people as *refugees* (Government of Canada, 2022b). By contrast, in the first nine months of 2022, Canada has already admitted almost 83,000 Ukrainians (Government of Canada, 2022c). Moreover, the federal government has created a special program to support Ukrainians to relocate to Canada, not as refugees but rather as *temporary residents*. In the 6 months since the program was established, the government has approved 239,000 of the 547,000 applications it has received (Government of Canada, 2022c). It is true that Canada is already home to the largest Ukrainian diaspora in the world, after Russia. However, this still does not explain the racialized disparities in the government's responses to these conflicts.

This brief overview of white-settler colonialism and (im-)migration to Canada provides important background to the more specific analysis in this article of language-education policies in multilingual schools. A final piece of contextual information is that, similar to Germany, the Canadian school system is highly federalized. Each of the 10 provinces and 3 territories is responsible for overseeing its respective education systems. There are two major exceptions to this legal reality. First, the federal government is responsible for providing education for Indigenous children living on reserve. In many cases, this responsibility has been delegated to consortia run by Indigenous communities themselves, but the funding remains a federal responsibility. Second, the federal government is responsible for ensuring that all Canadians have access to learning the *other* official language (i. e., Francophones in Quebec learning English, and Anglophones in the rest of Canada learning French). Moreover, both official-language minorities have the right to sustain their language and run their own schools (i. e., Anglophones in Quebec and Francophones in the rest of Canada). In most cases, the federal government fulfills these responsibilities regarding official languages by transferring enormous sums of money to the provinces and territories to execute in their respective school systems.

These limited federal responsibilities, combined with provincial control over education, make it difficult to talk about »Canadian schools.« As such, the analysis in this paper focuses specifically on Ontario, the most populous province in Canada. There are four publicly-funded school systems in the province: a public system and a Catholic system that use English as the medium of instruction; and a Catholic system and a public system that use French as the medium of instruction. Because almost 95 % of Ontario's two million school students attend English-medium schools (Ontario Ministry of Education, 2022), most of the analysis focuses on them.

7.2 Research Design

The analysis presented in this article is based on a three-year study of teacher education and multilingualism funded by the Social Science and Humanities Research Council of Canada (Bale et al., 2023). Our study was designed in response to a new teacher-education policy implemented in Ontario in 2015 requiring all teacher candidates to learn about multilingualism and working with multilingual learners. To understand how this policy was taken up in practice, we designed a multi-stranded inquiry with two broad objectives. The first was to determine whether Ontario's new teacher-education policy, specifically its mandate regarding »Supporting English Language Learners,« was consistent with the diversity, strength and needs of multilingual learners in the province. The second was to identify how teacher candidates, teacher educators, and practicing teachers in local schools interpreted and enacted this new policy. Figure 7.1 provides an overview of the various strands in our study.

We began with multilingual learners themselves, collaborating with them to create video profiles in which they described their linguistic, cultural, social, and academic identities, and shared their perspectives on school, family, community, and the broader world around them.[2] Our analysis of *Me Maps* helped us address the first research objective. As well, Shakina Rajendram of the research team developed a series of pedagogical activities based on *Me Maps* to engage teacher candidates in our program. I discuss candidates' learning from these activities later in the article.

---

[2] See the *Me Mapping with Multilingual Learners* website https://sites.google.com/view/memapping/me-mapping/about-me-mapping?authuser=0

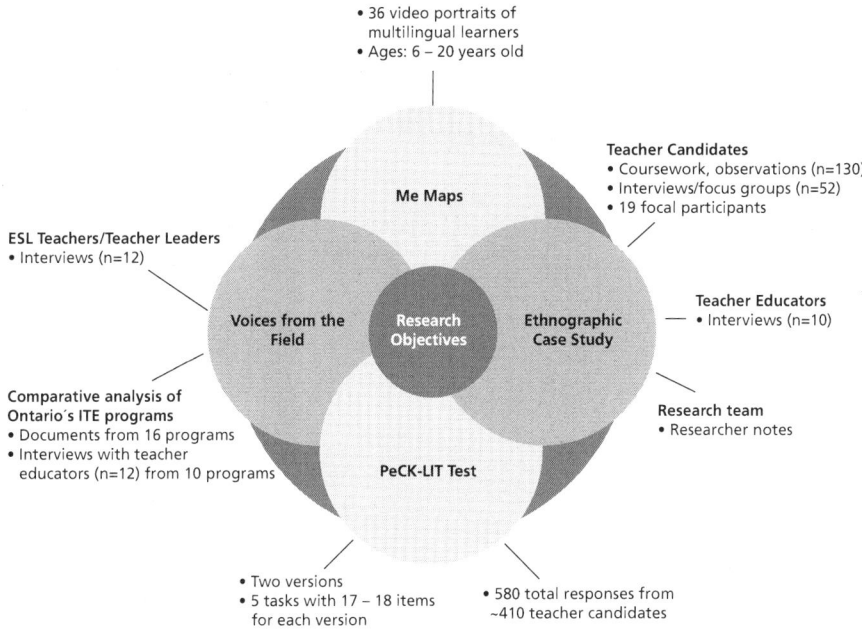

Fig. 7.1: Research design (Bale et al., 2023)

At the core of the study was an ethnographic case study of a new seminar, called *Supporting English Language Learners*, which our teacher-education program created in response to the 2015 policy. All teacher candidates in our program are required to complete the seminar in the second year of the program. Working over three academic years and in 10 sections of the course, we collected artefacts of teacher-candidate work, conducted observations during class instruction, and interviewed teacher candidates to better understand their learning about multilingualism and working with multilingual learners. In later sections of the paper, I share excerpts from interviews that were part of this case study.

We complemented the case study in two ways. We created the *Pedagogical Content Knowledge for Language-Inclusive Teaching* (PeCK-LIT) *Test*, based on the *DazKom Test* created by German colleagues (see Köker et al., 2015). If the case study gave us rich insight into individual teacher-candidate learning, PeCK-LIT responses provided a more comprehensive perspective at the program level on teacher-candidate learning. We also interviewed practicing teachers of English as a Second Language in local schools, focusing on what they believed teacher candidates need to know and be able to do to support multilingual learners. Finally, we were interested in how Ontario's 15 other teacher-education programs responded to the 2015 mandate to prepare all teacher candidates to work with multilingual learners. We analyzed publicly available information about each program and conducted interviews with instructors and/or administrators to better understand how their program took up the 2015 policy in practice.

Our approach to data was as complex as the data sources and research design. Throughout the analysis process, we sought to connect individual choices that teacher candidates made (whether manifested in a lesson plan, a small-group discussion during class, or an interview) in relation to their own language profile, academic background, and personal life history, as well as in relation to the education policies they were learning to work with in our program. Our goal was not to identify which kinds of teacher-candidate learning and practice are »good« and which are »bad.« Nor did we intend to portray the ideas and practices of participants in this study as fixed or static. Rather, our analysis traced dynamic shifts in thinking and practice as participants drew on their personal, professional and academic experiences to interpret what it means to work with multilingual learners in the classroom.

7.3 Regulating Multilingualism in Ontario Schools

Given the contextual information discussed in section two of this article, it is no wonder that Canada is one of the most linguistically diverse places on earth. Scholarship on multilingualism in Canada often begins with demographics by detailing how many people speak which languages according to the Canadian census. At a descriptive level, this can be useful for quickly portraying the extent of linguistic diversity in the Canadian state (see Statistics Canada, 2022). However, this description is deceptive in two ways. First, it plays into what Heugh (2017) has critiqued as »a re-discovery of multilingualism« in the global north (p. 219), as if multilingualism in places such as Canada were only a recent phenomenon driven predominantly by migration. Instead, any discussion of multilingualism in Canada must take as its starting point the extent of Indigenous multilingualisms that have always been and continue to be present in what is now Canada, as well as the multilingualisms of non-Indigenous people who have settled, were brought, and otherwise continue to arrive in Canada (Khanam, Fayant & Sterzuk, 2021). Second, considering multilingualism in Canada or in its provinces and territories as merely a demographic question ignores the social and political reality of English and French as dominant languages in Canada. In this section of the article, I discuss the dominance of English and French by sketching out the suite of language-education policies that regulate multilingualism in Ontario schools.

The province of Ontario has a long history of using education policies to regulate the many languages and their speakers in its schools. Figure 2 displays the various language-education policies that govern English-medium schools in the province. The names of the language programs are as given in policy and curriculum documents; the relative size of each circle in the figure signals that English and French receive the most attention in policy, curriculum, and funding. This dominance obtains for several reasons. First, English and French were named Canada's official languages in 1969. While this status relates to the federal government, it has an enormous impact on schools across Canada. As mentioned in section two, all Canadian students have the right to learn the other official language, and official-language minorities have the right to protect and use their language, including the right to establish their own school systems. In Ontario, these federal rights not only underwrite the existence of separate English- and French-medium school systems. But also, students in English-medium schools are required to learn French as a Second Language for a total of 6 years.

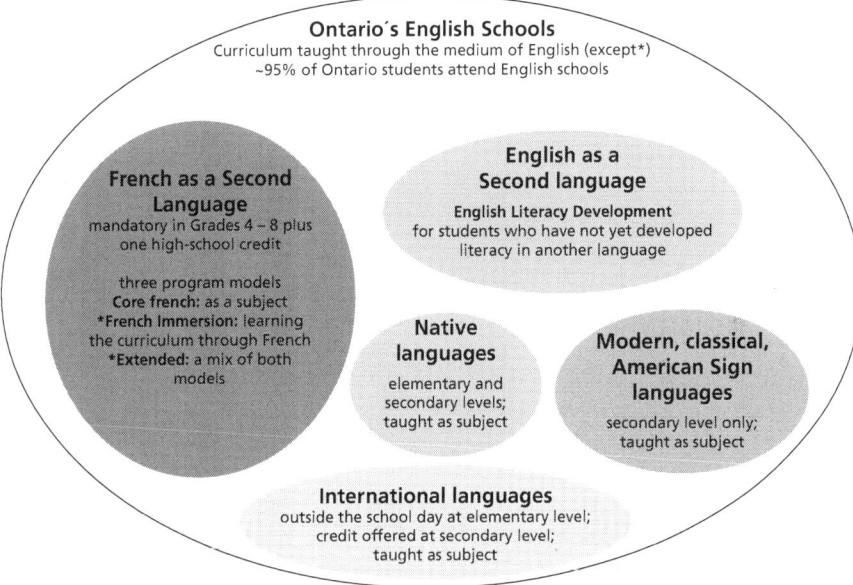

Fig. 7.2: The place of language in Ontario's English-medium schools (Bale et al., 2023)

Second, Ontario's *Education Act* (1990), the legislation governing publicly-funded schools in the province, explicitly states that only English and French may be used to teach the curriculum. There are important exceptions, including the recognition of American Sign Language and *Langue des signes québécoise* as medium-of-instruction in provincial schools for deaf and hard-of-hearing students. Nevertheless, bilingual, immersion and other similar program models using non-official languages are not permitted in Ontario. Third, Ontario administers standardized testing of literacy and numeracy in Grades 3 and 6, and again of literacy in Grade 10. The Grade 10 literacy test is high-stakes: students must pass it (or an equivalent) to graduate from high school. However, these tests are offered in English only (and in French only in French-medium schools); literacies and numeracies in other languages do not register in Ontario's testing regime.

Finally, instead of honouring and extending the knowledge that students have in other languages, Ontario instead has an extensive system of programs designed to ensure that multilingual students learn English language and literacy (indicated in Figure 7.2 as English as a Second Language and English Literacy Development). I will say more about the contradictory messages these programs articulate with respect to multilingual learners later in the article. For now, it is important to know that 63 % of elementary schools and 58 % of secondary schools in Ontario enrol students formally labeled as »English language learners« (People for Education, 2017).

As indicated in Figure 7.2, Ontario has additional policies governing the learning of other languages in English-medium schools. In each case, these programs follow a traditional »foreign-language« model, insofar as the languages are taught as subjects only. Regarding First Nations, Métis, and Inuit languages, Ontario renewed its policy framework for Indigenous education in 2007 (see Ontario Ministry of Education, 2007b). As part of this framework, the province committed to expanding access to what it calls *Native Languages*. In fact, a dedicated funding stream was created for the first time to support the learning of Indigenous languages in both English- and French-medium schools. Despite these positive developments, subsequent studies of the policy framework cast doubt on the province's commitment to Indigenous languages. For example, the framework has been assessed three times since 2007. In each case, these implementation studies focused on standardized tests in literacy in English and numeracy, and graduation rates among Indigenous youth as proxies for determining the policy's success. By contrast, little attention – and in one assessment, none at all – was paid to the status of Indigenous-language programs (see Bale, 2019a). Equally important, learning an Indigenous language is *in addition to*, not *in lieu of*, the requirement to learn French for 6 years. This stipulation effectively places Indigenous languages in third place, behind English and French.

Regarding what are now called *International Languages*, the policy regulating these languages dates back to 1977. When it first appeared, the policy referred to *heritage languages* and funded such programs at the elementary level only. Indeed, the different names for this policy reflect one of its central contradictions: is it designed to sustain the ethnolinguistic identity of students who speak non-English and non-French languages? Or is it designed as an enrichment activity for Anglophones and Francophones? Can it meet both goals at once? (see Bale, 2019b; Cummins & Danesi, 1990). Beyond these contradictions, its stipulations locate International Languages at the margins of school life. The languages may only be taught as a subject and outside the school day. While students can earn credit at the secondary level, these programs are not part of the elementary curriculum. Further, they do not replace the requirements to learn French. Similar to Indigenous languages, the »international« language is also in third place, behind English and French.

The political regulation of sign languages in Ontario is more complicated. They sit at the intersection of health, special-education, and language-education policies in ways that increasingly restrict access to sign language for deaf, deafened, or hard-of-hearing children while expanding access for hearing people. To provide one example, the Ministry of Education recently announced a curriculum for American Sign Language and *Langue des signes québécoise* in secondary schools. In its press release (Ontario Ministry of Education, 2021a, n. p.), the province described this new offering as a »second-language curriculum.« For many Deaf Ontarians, this framing implies that these classes are meant for *hearing* youth as an enrichment activity, not for *deaf and hard-of-hearing* students as an integral part of their language and literacy education, let alone for identity formation and community building (see Snoddon & Weber, 2021).

If policy comparisons alone fail to demonstrate the dominance of English and French vis-à-vis the reality of Ontario's multilingual schools, the funding streams for these programs underscore the point. In the 2021–2022 school year, the Ministry of Education allocated almost $950 million in total to the various language-education programs discussed above and their counterparts in French-medium schools (Ontario Ministry of Education, 2021b). Of that amount, $900.7 million were dedicated to the multiple programs to learn English and French in all publicly-funded schools. By contrast, only $23.9 million were allocated for International Language programs, and $14.7 million for Indigenous languages. As is often the case, by following the money we see rather starkly what really matters in terms of languages – and the people who speak them – in Ontario schools.

7.4 Multilingual Learners, Their Experiences, and How They are Imagined to Be in Ontario Schools

The previous section focused on formal policy and curriculum and how they work to regulate the many languages present in Ontario schools. This section focuses on multilingual learners themselves, their experiences and how they are imagined to be. In many ways, the policies discussed above, and even the way I discussed them, give an impression that they refer to discrete »categories« of languages: official languages, Indigenous languages, heritage languages, and so on. When we focus only on policy and curriculum as texts that structure school life, it can be easy to fall into a way of thinking about these categories as if they were entirely separate from one another. By contrast, when we focus on multilingual learners and their lived experiences, we come to understand how these categories not only bear little resemblance to how multilingual people actually live in and with their multiple languages. But also, we can see more clearly how policy and curriculum often work to interrupt and constrain multilingual life.

Our research, introduced above (Bale et al., 2023), revealed an important gap between how English-language education policies in Ontario imagine multilingual learners to be, and how multilingual learners understand and portray themselves. For example, the province's policy framework stresses that *English Language Learner* as a category refers not only to students born outside Canada, but also to students born in Canada, be they Indigenous, Francophone, or the children of immigrants, who are learning English at school (Ontario Ministry of Education, 2007a). Moreover, the policy framework includes in its definition students who speak varieties of English that differ from the dominant variety used in Ontario schools. Despite this effort to address the linguistic diversity within the category *English Language Learner*, the policy framework and the curriculum and assessment resources that support it reduce this remarkable linguistic diversity to focus only on English.

We see this categorical flattening in several ways. First, academic English is the sine qua non of the category *English Language Learner*. That is, this category is defined by the presumed lack of academic English abilities. By contrast, because multilingual learners who are also proficient speakers of English are not included in this category, *English Language Learner* can only ever be a term related to what students lack; it is an always-failing category.

Second, academic English is implicitly positioned as the sole intended outcome for English-language learning. This is most clearly visible on the assessment framework used to identify, place, and track the language-learning progress of English Language Learners. The framework is based on a 6-point proficiency scale (Ontario Ministry of Education, 2015); Figure 7.3 provides a sample of one of the scales, called *Observable Language Behaviours*, for Reading (Grades 4–6).

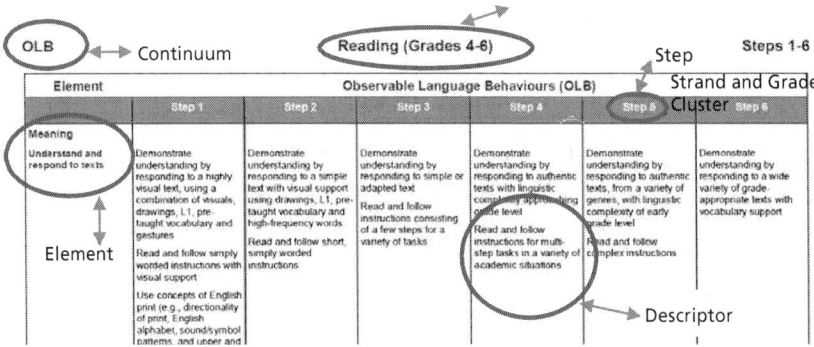

Fig. 7.3: Sample from Ontario's language assessment framework for English Language Learners (Ontario Ministry of Education 2015, p. 15; © King's Printer for Ontario, 2015. Reproduced with permission.)[3]

The sample in Figure 7.3, taken from the Ministry document created to train teachers how to use the assessment framework, is fairly detailed in explaining the layout and content of each strand. What this explanation leaves out, however, is equally revealing. For example, the only places in this framework that specifically mention non-English languages are the lowest two proficiency levels. This is indicated in Figure 7.3 in the columns for Step 1 and Step 2 by »L1«, a conventional acronym from applied linguistics referring to a student's first language. By contrast, the upper proficiency levels the framework refer to no specific language at all. In other words, English is so obviously the sole intended outcome that it need not be named.

Consider the descriptor in Figure 7.3 under Step 6: »Demonstrate understanding by responding to a wide variety of grade-appropriate texts with vocabulary support.«

---

3 The analysis in this article should not be construed to represent the position of the Government of Ontario.

7.4 Multilingual Learners, Their Experiences, and How They are Imagined to Be

This descriptor could easily have read: »Demonstrate understanding by responding to a wide variety of grade-appropriate texts *in English and other languages the student knows* with vocabulary support.« But it doesn't. Instead of proficiency levels that account for students' multilingualism *while* they are learning English, Ontario's framework construes non-English languages as evidence of being a novice English speaker. In this way, the framework positions students' other languages as a crutch that they must use to express themselves, rather than as an integral part of what students can do with *all* their languages.

Finally, and at a more symbolic level, consider the title pages of Ministry resources for English Second Language education, presented in Figure 7.4. The image on the left is taken from the main resource document provided to teachers to help them learn to support English language learners in their classroom; the second is the cover of the assessment framework discussed above (see Ontario Ministry of Education, 2005, 2015).

Fig. 7.4: Title pages of two Ministry of Education documents for English Second Language education (Ontario Ministry of Education, 2005; 2015; © King's Printer for Ontario, 2005, 2015. Reproduced with permission.)

Both documents include the same image, showing a tree, a couple dozen different languages (including Indigenous languages), several different writing systems (including systems used with Indigenous languages), and the document title itself. At first glance, these title pages can be read as acknowledging, perhaps even celebrating multilingualism in Canada. Upon closer examination, we see that the languages depicted here are all saying the same thing: *English*. These images reflect an approach

125

to multilingualism that both reflects and reinforces linguistic hierarchies. That is, this symbolic representation of multilingualism is possible only insofar as it is properly subordinate to the real goal. Quite literally, these other languages – and by extension, the multilingual learners who speak these languages – only matter as long as they are saying the »right« thing.

Ontario's teacher-education policy from 2015, discussed in section 7.3 above, explicitly directs teacher-education programs to introduce candidates to this language assessment framework. In our program, we interpreted this stipulation by dedicating at least two class sessions to the framework in the required seminar on *Supporting English Language Learners*, and including it in two of the three major assignments that candidates complete. Not surprisingly, our research with teacher candidates (Bale et al., 2023) revealed how this language assessment framework shaped teacher-candidate learning multilingualism and supporting multilingual learners. Our findings identified a number of sharp contradictions in their thinking and practice. On the one hand, the teacher candidates who participated in our study typically expressed positive dispositions towards multilingualism and towards their future multilingual learners. This might be connected to the fact that a slight majority of the teacher candidates in our program themselves are multilingual, while a significant minority identify as racialized or People of Colour. On the other hand, our research revealed distinct patterns in how teacher candidates imagined »English language learners« to be, insofar as they equated such students with being racialized, with being poor or working class, and with living in certain parts of Ontario. The summaries I share below are based on analysis conducted by Katie Brubacher, part of our research team.

One example of this way of thinking was present in Brubacher's interview with Ezra. Although Ezra's father spoke Cantonese, Ezra told us they didn't use the language at home, because his mother spoke English only. Instead, Ezra was enrolled in French immersion programs, and stayed until Grade 10. In this way, Ezra lived the linguistic hierarchy I discussed earlier, insofar as French was prioritized over Cantonese. He later learned Mandarin when teaching at an English-medium school in China. In his interview with us, Ezra described the different practicum placements he had during his teacher-education program. At one point, he explicitly compared a school in a wealthier suburb of Toronto, which enrolled mostly white students, with another school he described as »lower socioeconomic status, Caribbean, African immigrants, single-parent homes, lower [standardized test] scores, you know, working, working single parents who weren't as involved.« For Ezra, English Language Learners were to be found only in the latter school.

Another candidate, Vera, was born in Canada the year after her parents and older sister fled the war in the former Yugoslavia. Vera described Serbian as her parents' language, but also told us she learned the language and uses it at church, in her community, and on annual trips to Serbia to visit family. Although Vera's family was deeply involved in the Serbian community in their city, they lived in a different, more affluent part of that city. Where she lived, Vera told Brubacher there were no English Language Learners; instead, English Language Learners were to be found across town, where working-class Serbs lived. In her interview, Vera's description of her own language practices shifted, depending on the topic. For example, when she discussed English Language Learners, Vera stressed that English was her first language and that she had never been labelled as an English Language Learner. Vera also described the required course on *Supporting English Language Learners* as her favourite in the program. Yet, this positive disposition did not necessarily lead to positive perspectives on English Language Learners in general or her own multilingualism in English and Serbian.

Another candidate, Hannah, was raised near the Canadian capital of Ottawa. Because of this city's location on the Ontario-Quebec border and because of federal official bilingualism, Hannah grew up speaking both English and French. When she later moved to Toronto for university, she told Brubacher in their interview, she was surprised that more people weren't bilingual. What Hannah meant was bilingual in English and French, from which we inferred that she may not have noticed how many people in Toronto are multilingual in other languages. Similar to Ezra,

> »Three out of my four placements were in Burlington, which is pretty homogenous ... Sort of, like, you know. Yeah. Not too. Basically, like, you have a class full of white students who maybe immigrated from Western Europe, a couple like their grandparents came over a couple years ago. So just in terms of English language learners, there are significantly fewer. But I did, I did a placement off of Milton and it was a completely flipped population.«

Although Hannah acknowledged that some Burlington students or their older relatives had recently immigrated to Canada, their whiteness made it harder for her to hear them as English Language Learners, or even as multilingual students. By contrast, where the population was »flipped« – meaning, where there were more racialized students – Hannah told us about 80 % of these students spoke English, French and »something.« Hannah knew (or assumed) they came from East Asia but was not sure which languages they spoke.

These comments from Ezra, Vera, and Hannah exemplify what Flores and Rosa (2015) have theorized as the *white listening subject*, »who hears and interprets the linguistic practices of language-minoritized populations as deviant based on their racial positioning in society as opposed to any objective characteristics of their language use« (p. 151). For these candidates, whether or not students could be included or imagined as an English Language Learner depended more on how they were perceived in racial terms (and at times in terms of social class) rather than their actual language practices. What is especially relevant is that all three teacher candidates *themselves* are multilingual; that is, inhabiting a white-listening subject position is not only limited to white monolingual speakers of English.

These perceptions of multilingual learners, and how the Ministry documents I discussed earlier imagine multilingual learners to be, could not be more distant from how multilingual youth understand themselves. Through our research (Bale et al., 2023) and a subsequent study by Gagné et al. (see SAIRCY Project, n. d.), multilingual learners created video profiles, which we call *Me Maps*, in which they introduced themselves and shared with us the important milestones in their lives, what their personal and academic aspirations are, and who they are as people.[4] Our study's content analysis of these *Me Maps*, conducted by Rajendram and Brubacher, as well as a third colleague on the project, Mama Adobea Nii Owoo, revealed that multilingual learners did not define the languages they use in terms of their *proficiency in*, but rather by their *affinity for* each language. Recall the language assessment framework discussed earlier. Nowhere in the framework are teachers encouraged to ask their students how they feel about the languages they use or learn, including English. Instead, teachers are expected simply to track progress in English proficiency over time. By contrast, in their *Me Maps* multilingual learners told us very little about their abilities in this or that language, but rather their feelings about the different languages they use. Their languages were connected to the friends and family in their lives who also used those languages. Shazzy, for example, told us he speaks »a bit of Korean« so he can talk with his Korean friend at school, while Edison told us he uses the language local to Shenzhen, China when speaking with his elders out of respect and to make them feel more comfortable.

In addition, the distinction so often made in applied-linguistic research between »home« and »school« appeared nowhere in the *Me Maps*. The youth who created these *Me Maps* talked about the languages they use almost exclusively in terms of the *people* they use those languages with, not where or to what ends they used a given language. Multilingual learners also described the many languages they use in fluid and dynamic ways, not necessarily based on a specific national identity or the country in which they were born. Not only is this dynamism connected to the multilingualism present in Canadian schools, but also it reflects the reality of migration to Canada. While some participants' families arrived in Canada as part of a planned migration process, many other students and their families made multiple stops along the way, or they continued to move between Canada and other parts of the world. As such, the linguistic and cultural practices and reference points they told us about in their *Me Maps* are far more fluid and complex than labels such as *English Language Learner* or identity markers based on the names of nation-states allow.

Finally, the *Me Maps* underscored the extent to which these learners – almost all of whom are formally labelled *English language learners* in Ontario schools – are also learning *other* languages at the same time. Not only does this include French because of Ontario's policies for French Second Language education. But also, these participants described learning multiple languages for purposes of worship, to communicate better with elders and with new friends, to read graphic novels, listen to music, play video games, and so on. Yet, these experiences of multilingual learners as *multiple-language learners* are almost completely ignored in Ontario policy and curriculum.

---

4   To view the maps, please visit see the *Me Mapping with Multilingual Learners* website https://sites.google.com/view/memapping/me-mapping/about-me-mapping?authuser=0

Learning From, not About Multilingual Learners

The previous section contrasted contradictory ideas about multilingual learners that some teacher candidates expressed with the fluid and dynamic ways in which multilingual youth described their language practices to us. This gap is even more important, I argue, because most of the teacher candidates who participated in our research are themselves multilingual. By contrast, much of the research on teacher preparation for multilingual settings, whether conducted in North America or in Germany, is based in settings where teacher candidates are predominantly white and either monolingual or dominant in the respective national language. As such, the conclusions from much of this scholarship are predicated on an unspoken assumption that multilingual teacher candidates – *especially* those candidates whose multilingualism includes racialized or otherwise minoritized languages – would think and act differently. Our research did not find this assumption to be true.

While these contradictions matter greatly, I do not want to portray them as a stable binary between »bad« ideas teacher candidates have and »good« language practices that multilingual youth engage in. Nor do I want to suggest that the ideas teacher candidates expressed to us are fixed or static. Instead, another major finding from our research (Bale et al., 2023) concerns the dynamic changes in teacher-candidate thinking with respect to multilingualism in general, and multilingual learners in particular, as they moved through our program. Our analysis on this point is based both on the ethnographic study (which gave us insight into teacher-candidate learning in the second year of the two-year program), as well as responses to the PeCK-LIT Test (which candidates completed in their first semester of the program and again near the end).

In many cases, teacher-candidate thinking changed from an appreciation of multilingualism and a keen interest in using multiple languages to support their future students in learning school content, to a focus on supporting English language learners using English only. These findings support a major theoretical claim advanced by Daniels and Varghese (2020), namely that teacher education often functions as a form of *white institutional listening*, that is, a venue in which English monolingualism and Whiteness are centred, normalized, and taken for granted. Consequently, teacher candidates learn to perceive the cultural and linguistic practices of their future students not *on their own terms*, but rather *in relation to* English and Whiteness as the norm. In this way, teacher candidates learn to view the cultural and linguistic practices of racialized multilingual learners as »problems« that need to be »fixed.«

As common as these shifts in teacher-candidate thinking towards English-only approaches to supporting multilingual learners were in our research, I do not want to close this article by focusing only on these kinds of shifts. Instead, our research also revealed a number of learning conditions and specific teaching practices that supported teacher candidates in critically reflecting on their own lived experiences as multilingual (and often racialized) people, and in learning to connect to and expand on their students' multilingualism. The ideas I am summarizing here were developed by Shakina Rajendram from the research team.

Rajendram took the lead in our project of developing a series of learning activities to use with teacher candidates based on the *Me Maps* described above. In particular because so many of the candidates in our program are themselves multilingual, Rajendram found that asking them to engage with and learn from multilingual youth helped these teacher candidates think differently about their own experiences as multilinguals. For example, Desmond, a teacher candidate who came to Toronto from China to study in our teacher-education program, connected the *Me Maps* to stereotypes of Chinese people he has experienced. Based on his experiences of such stereotypes, he stressed how important it is to get to know students as individual people. He noted:

> »I also always hear people talking about some stereotypes on people from Chinese background. One of the most common stereotype is Chinese people are shy... But actually, there should be a platform like *Me Mapping* to let outside people to know more about Chinese people, because for some of them, let's say Carissa [who created a *Me Map* for the project] ... if you try to give them more time, talk with them, probably you're going to see, you're going to know more about them in terms of their personality. So, I think it's kind of like, debunk people's stereotype... she's different from what people think of her.«

Rajendram also took some of the activities used to create the *Me Maps* and asked teacher candidates to complete them. Here, the goal was to engage what Daniels and Varghese (2020) have theorized as teacher candidates' own *raciolinguicized teacher subjectivities* as a way to de-centre Whiteness and English monolingualism in teacher education. The goal of these activities is not only in supporting candidates in reflecting on their own multilingualism, but rather to support a kind of critical reflection that leads to actual change in their teaching practice (see Rösch, 2019). Mira, a teacher candidate from Lebanon who spoke Arabic, French, English and Spanish, told Rajendram that, before taking the required course, she had negative attitudes about multilingualism and translanguaging. She said, »I thought that this is, like, unproductive... [I] came with preconceived ideas that we should think of and speak one language at the time.« After engaging with the *Me Maps* and completing some of the activities herself, Mira stated »we should be proud that we speak like different languages. It's not something that we should hide.« Whereas Mira was hesitant to identify as multilingual at the beginning of the course, she demonstrated newfound confidence in her language abilities and reflected on how »being plurilingual helped me in shaping my teacher's identity.« Importantly, this shift in Mira's thinking led to a shift in her practice. Later, when Mira designed a unit plan as her culminating assessment for the course, she described the benefits of using all student languages. These benefits were not only relevant to multilingual learners, but also for »planting the seeds of the importance of being plurilingual for, like, even Anglophone kids here in Ontario.« Mira also expressed a more holistic understanding of multilingualism and multilingual approaches to teaching, in terms of how such approaches can support what she called »social-emotional learning«, »self-identity«, and »self-esteem«, not merely proficiency in English.

A final example relates to teacher-candidate experiences during their practicum placements. In my own experience teaching the course *Supporting English Language Learners* with future secondary teachers, candidates often tell me that the first time they have been asked to consider either their own experiences with multilingualism or those of their future students is in this course. As candidates move into their practicum placements, I have asked them to pay attention to the languages their students speak and how they use them during class. In one section of the course I taught, Tina, a Muslim South Asian candidate who grew up in Ontario with Gujarati, Kachi, Hindi, Urdu, and Swahili in addition to English, wrote about her practicum experience like this:

»The main thing I came to appreciate was the leveraging [of] student language knowledge to assist content learning. The students were already doing this, and helping each other keep up with the material by speaking in their [first languages]. However, seeing this in action helped me see how powerful it really is. It also allowed me to see the solidarity between students, and it was touching. Also, I learned that addressing language learning as part of their challenge, and validating that challenge, served to instill the student's faith with me. On my last day, one of the students came up to me and thanked me appreciatively for touching base with him. It made me realize that opening up the conversation has the potential to prompt a conversation or question in the future. There's less discomfort.«

Alicia reflected on similar experiences. Alicia was born in Canada, where she grew up with English and Hokkien. Just before Grade 1, she moved to Malaysia, her parents' birth country, where she attended both Malay- and English-medium schools. After high school, she spent extended time in Wallonia, Belgium, before coming back to Canada for post-secondary studies. Alicia wrote of her final practicum placement:

»One instance stuck out to me in the science class. The students had just learned about circuits and were playing with Snap Circuits (a learning kit with which students build circuits). Two Spanish-speaking students in the class who sat next to each other were building circuits and translanguaging, switching between Spanish and English with ease. Prior to this practicum, I would not have been able to identify the process of translanguaging as I was able to at that moment. Seeing it reinforced the idea that incorporating students' linguistic (and/or cultural) background in the classroom can be beneficial to their learning.«

It is important to note that in many practicum placements, candidates receive mixed messages about the multilingualism they encounter in the classroom. Either the mentor teachers they are assigned to have little awareness of or interest in non-English languages. Or sometimes mentor teachers send explicit messages that multilingual teaching practices are inappropriate. As one candidate wrote to me after their final practicum placement, »My [mentor teacher's] response was something along the lines of ›OK there buddy, good luck with that. I want nothing to do with that.‹«

Still, Fie, a candidate originally from China who immigrated to Canada as an adult, told Brubacher of the amazing learning that took place just by asking her students one question. In this case, the mentor teacher was neither experienced with multilingual approaches to teaching, nor particularly interested in them. Nevertheless, she gave Fie an opportunity to try. In her interview with Brubacher, Fie recalled:

> »So what I did was like, I just asked them this one simple question, what kind of languages do you speak at home? And, or what languages do your parents or grandparents speak? Those simple questions can really... flourish into all kinds of things that the kids start to talk about. For example, there's this Spanish kid who talks about, like, at home they speak Spanish and how, like, the similarities and differences between English and Spanish, and they, like, the CIO or TIO and like CION in Spanish, when you try to like transfer it into English you put changing to TION in English. This metacognitive awareness of two languages is very powerful. And my AT [associate teacher] was like, too eager to, to wait to share her experience in Japan. And she was able to speak Japanese actually, because she was teaching in Japan for five years.... And she even talked to, like, come up with a, like, a conversation with the other students to talk in Japanese for five minutes. So like, when you ask those simple questions, what languages that you, your parents or your grandparents speak at home or anywhere, there will be lots of interesting ideas and interesting things going on in the classroom. So that's a very meaningful activity for me. Because I definitely feel that they feel proud when they stand up and talk in a different language with a teacher, with me or with other students. And they feel like they are very proud. I can speak two sentences in Spanish... they're super proud of themselves when they say that.«

By asking »this one simple question,« the rich translanguaging already happening in this classroom »flourished« and became a fruitful basis for learning – for the students in that classroom, and for Fie as well.

What all these examples of learning activities and teaching experiences have in common is learning *from* multilingual learners, rather than learning *about* them. By centering multilingual learners – not only their experiences with multilingualism, but also who they are as entire people – teacher candidates in our study were not only able to appreciate their own multilingualism in new ways, but to »hear« their classroom and the kids in them in new ways, as well.

As I have argued in this article, there exists a consequential gap between the policies, curricula, and assessment frameworks used to regulate multilingualism in Ontario schools, and how multilingual learners experience this multilingualism itself. I do not pretend that the few examples I shared in this concluding section are a panacea to overcome the long-standing racialized hierarchies of languages – and the people who speak them – in Canada. Indeed, I am less interested in sharing these examples as models for readers to try in your own teacher-education programs.

Rather, the potential in these examples I close the article with lies in the kind of critical analysis that revealed them.

That is, the research I have shared in this chapter started by considering the extensive language-education policy-making that Canada has long engaged in. Instead of taking these policies as given, we asked how they contribute to the racial and linguistic ordering of schools, and what the consequences are of this ordering for multilingual learners. It is on the basis of such questions that our research was able to identify these specific examples of how teacher candidates can learn to centre raciolinguicized subjectivities – their own, and those of their future students – as they learn how to teach. The racial and linguistic ordering of schools in your contexts will be different from what I have argued here. The specific activities that support teacher candidates to learn *from*, not *about* multilingual learners in your context will also likely be different. But addressing these kinds of questions is the basis for a different, more fruitful, and more just kind of comparative analysis of multilingualism and schools.

Acknowledgements

The research informing this article was funded by the Social Sciences and Humanities Research Council of Canada (J. Bale, Principal Investigator; A. Gagné, co-Principal Investigator; J. Kerekes, co-Principal Investigator), as well as a Fellowship for Experienced Researchers from the Alexander von Humboldt Foundation, with Prof. Dr. Yasemin Karakaşoğlu at the Universität Bremen as my host.

The *Me Maps* discussed in this article were further developed by the SAIRCY Project, funded by an additional grant from the Social Sciences and Humanities Research Council of Canada (A. Gagné, Principal Investigator; E. Le Pichon, co-Principal Investigator).

References

Bale, J. (2019a): Neoliberal education policy on racial and linguistic difference in Ontario. In S. S. Chitpin & J. P. Portelli (eds.), Confronting Educational Policy in Neoliberal Times (pp. 117–131). New York, NY: Routledge.
Bale, J. (2019b): Heritage language education policies and the regulation of racial and linguistic difference in Ontario. In T. Ricento (ed.), Language Politics and Policies (pp. 213–231). Cambridge: Cambridge University Press. https://doi.org/10.1017/9781108684804.012
Bale, J., Rajendram, S., Brubacher, K. Adjetey–Nii Owoo, M., Burton, J., Wong, W., Larson, E. J., Zhang, Y., Gagné, A. & Kerekes, J. (2023): More than »Just Good Teaching«: Centering Multilingual Learners and Countering Racism in Teacher Education. Bristol: Multilingual Matters.
Binford, L. (2013): Tomorrow we are all going to harvest: Temporary foreign worker programs and neoliberal political economy. Austin: University of Texas Press.
Canadian Broadcasting Corporation (2015): »Justin Trudeau: We're back.« Author: Ottawa. Accessible online at: https://www.cbc.ca/player/play/2677447276

Cummins, J. & Danesi, M. (1990): Heritage languages: The development and denial of Canada's linguistic resources. Toronto: Our Schools/Our Selves Education Foundation.

Daniels, J. R. & Varghese, M. (2020): Troubling practice: Exploring the relationship between Whiteness and practice-based teacher education in considering a raciolinguicized teacher subjectivity. Educational Researcher, 49 (1), 56–63. https://doi.org/10.3102/0013189X19879450

Education Act, R.S.O. (1990): Education Act, R.S.O., c.E.2 Online accessible at: https://www.ontario.ca/laws/statute/90e02#BK439

Employment and Social Development Canada. (2022): Top Countries of Residency According to the Number of Temporary Foreign Worker (TFW) Positions on Positive Labour Market Impact Assessments (LMIAs) by Province/Territory. Ottawa: Author. Online accessible at: https://open.canada.ca/data/en/dataset/e8745429-21e7-4a73-b3f5-90a779b78d1e/resource/8097dc1a-986b-4851-99f1-965f1083f498

Fallon, B., Lefebvre, R., Trocmé, N., Richard, K., Hélie, S., Montgomery, H. M., Bennett, M., Joh-Carnella, N., SaintGirons, M., Filippelli, J., MacLaurin, B., Black, T., Esposito, T., King, B., Collin-Vézina, D., Dallaire, R., Gray, R., Levi, J., Orr, M., Petti, T., Thomas Prokop, S. & Soop, S. (2021): Denouncing the continued overrepresentation of First Nations children in Canadian child welfare: Findings from the First Nations/Canadian Incidence Study of Reported Child Abuse and Neglect-2019. Ontario: Assembly of First Nations.

Flores, N. & Rosa, J. (2015): Undoing appropriateness: Raciolinguistic ideologies and language diversity in education. Harvard Educational Review 85 (2), 149–171. https://doi.org/10.17763/0017-8055.85.2.149

Fontaine, L., Leitch, D. & Bear Nicholas, A. (2019): How Canada's Indigenous Languages Act fails to deliver. Toronto: Yellowhead Institute. Online accessible at: https://yellowheadinstitute.org/wp-content/uploads/2019/05/bill-c-91-response-yellowhead-brief.pdf

Government of Canada (2022a, February 14): Notice – Supplementary information for the 2022–2024 immigration plan. Ottawa: Author. Online accessible at: https://www.canada.ca/en/immigration-refugees-citizenship/news/notices/supplementary-immigration-levels-2022-2024.html

Government of Canada (2022b, June 21): Canada's response to the conflict in Syria. Ottawa: Author. Online accessible at: https://www.international.gc.ca/world-monde/issues_development-enjeux_developpement/response_conflict-reponse_conflits/crisis-crises/conflict_syria-syrie.aspx?lang=eng

Government of Canada (2022, September 9): Ukraine immigration measures: Key figures. Ottawa: Author. Online accessible at: https://www.canada.ca/en/immigration-refugees-citizenship/services/immigrate-canada/ukraine-measures/key-figures.html

Haque, E. (2017): Neoliberal governmentality and Canadian immigrant language training policies. Globalisation, Societies and Education, 15, 96–113.

Heugh, K. (2017): Re-placing and re-centring southern multilingualisms. In: C. Kerfoot & K. Hyltenstam (eds.), Entangled discourses: South–North orders of visibility (pp. 209–229). New York: Routledge.

Khanam, R., Fayant, R. & Sterzuk, A. (2021): What can southern multilingualisms bring to the question of how to prepare teachers for linguistic diversity in Canadian schools? In: K. Heugh, S. Stroud, K. Taylor–Leech & P. I. De Costa (eds.), A sociolinguistics of the South (pp. 171–188). New York: Routledge.

Köker, A., Rosenbrock–Agyei, S., Ohm, O., Carlson, S.A., Ehmke, T., Hammer, S., Koch-Priewe, B. & Schulze, N. (2015): DaZ-Kom: Ein Modell von Lernkompetenz im Bereich Deutsch als Zweitsprache. In B. Koch–Priewe, A. Köker, J. Seifried & E. Wuttke (eds.), Kompetenzerwerb an Hochschulen: Modellierung und Messung (pp. 177–205). Bad Heilbrunn: Julius Klinkhardt.

Lee, M. & Parkhill, M. (2022): Where searches for remains are happening at former residential school sites. CTV News. Online accessible at: https://www.ctvnews.ca/canada/where-searches-for-remains-are-happening-at-former-residential-school-sites-1.5754222

Maynard, R. (2017): Policing Black lives: State violence in Canada from slavery to the present. Winnipeg: Fernwood Publishing.

Maynard, R. & Simpson, L. B. (2022): Rehearsals for living. Chicago: Haymarket Books.

Mazumbar, S. (1984): Colonial impact and Punjabi immigration to the United States. In L. Cheng & E. Bonacich (eds.), Labor migration under capitalism: Asian workers in the United States before World War II (pp. 316–336). Berkeley: University of California Press.

McCue, D. (Host) (2022, September 5): Kuper Island. [Audio podcast]. Canadian Broadcast Corporation. Online accessible at: https://www.cbc.ca/listen/cbc-podcasts/1062-kuper-island

Ontario Ministry of Education (2005): Many roots, many voices: Supporting English language learners in every classroom – A practical guide for Ontario educators. Toronto: Author. Online accessible at: http://www.edu.gov.on.ca/eng/document/manyroots/manyroots.pdf

Ontario Ministry of Education (2007a): English Language Learners ESL and ELD Programs and Services: Policies and Procedures for Ontario Elementary and Secondary Schools, Kindergarten to Grade 12. Toronto Author. Online accessible at: http://www.edu.gov.on.ca/eng/document/esleldprograms/esleldprograms.pdf

Ontario Ministry of Education (2007b): Ontario First Nation, Métis, and Inuit Education Policy Framework. Toronto: Author. Online accessible at: http://www.edu.gov.on.ca/eng/aboriginal/fnmiFramework.pdf

Ontario Ministry of Education (2015): STEP: Steps to English Proficiency: A Guide for Users. Toronto: Author. Online accessible at: http://www.edugains.ca/resourcesELL/Assessment/STEP/STEPUserGuide_November2015.pdf

Ontario Ministry of Education (2021a): Ontario Offers New Sign Language Course to Secondary Students. Toronto: Author. Online accessible at: https://news.ontario.ca/en/release/60652/ontario-offers-new-sign-language-courses-to-secondary-students

Ontario Ministry of Education (2021b): Educational Funding. Technical Paper. Toronto: Author. Online accessible at: http://www.edu.gov.on.ca/eng/funding/2122/2021-22-technical-paper.pdf

Ontario Ministry of Education (2022): Facts about elementary and secondary schools. Toronto: Author. Online accessible at: https://www.ontario.ca/page/facts-about-elementary-and-secondary-education#:~:text=As%20of%202020%2D2021%20the,students%20in%20Ontario%20was%3A%202%2C025%2C258.&text=Sources%3A%20As%20reported%20by%20schools,with%20signed%2Doff%20submissions

People for Education (2017): Language support. Toronto: People for Education. Online accessible at: https://peopleforeducation.ca/wp-content/uploads/2017/06/P4E-Language-support-2017.pdf

Preston, J. (2017): Racial extractivism and white settler colonialism: An examination of the Canadian Tar Sands mega project. Cultural Studies, 31, 353–375. https://doi.org/10.1080/09502386.2017.1303432

Rösch, H. (2019): Linguizismus(-kritik) in der Lehrkräftebildung. In S. Schmölzer-Eibinger, M. Akbulut & B. Bushati (eds.), Mit Sprache Grenzen überwinden. Sprachenlernen und Wertebildung im Kontext von Flucht und Migration (pp. 179–194). Münster: Waxmann.

SAIRCY Project. (n. d.): Me Mapping. Online accessible at: https://sites.google.com/view/memapping/about-us/saircy-project?authuser=0

Snoddon, K. & Weber, J. (2021): Statement on Ministries of education offering ASL/LSQ as a second language in high schools. Online accessible at: https://kristinsnoddon.blog.ryerson.ca/2021/03/21/statement-on-ministries-of-education-offering-asl-lsq-as-a-second-language-in-high-schools/?fbclid=IwAR1N0f2jmQYRFlLsc_QdyfMYALA2DaZ7uNrHFsP-FhCIefOg4vVqgnPmzAM

Statistics Canada (2022): While English and French are still the main languages spoken in Canada, the country's linguistic diversity continues to grow. Ottawa: Author. Online accessible at: https://www150.statcan.gc.ca/n1/daily-quotidien/220817/dq220817a-eng.htm?utm_source=twt&utm_medium=smo&utm_campaign=statcan-2021census-diss-language-en

Supernant, K. (2022): »Every child matters«: One year after the unmarked graves of 215 Indigenous children were found in Kamloops. The Conversation. Online accessible at: https://theconversation.com/every-child-matters-one-year-after-the-unmarked-graves-of-215-indigenous-children-were-found-in-kamloops-183778

Tk'emlúps te Secwépemc (2021): Media release. Author: Kamloops, BC. Online accessible at: https://tkemlups.ca/wp-content/uploads/05-May-27-2021-TteS-MEDIA-RELEASE.pdf

Truth and Reconciliation Commission of Canada. (2015): Truth and Reconciliation Commission of Canada: Calls to action. Author: Winnipeg.

Venne, J-F. (2022): Access denied: High refusal rates of study at francophone universities. University Affairs/Affaires univerisitaires. Online accessible at: https://www.universityaffairs.ca/features/feature-article/access-denied-high-refusal-rates-of-study-permits-an-issue-at-francophone-universities/

Wilkes, R., Duong, A., Kesler, L. & Ramos, H. (2017): Canadian university acknowledgment of Indigenous lands, treaties and peoples. Canadian Review of Sociology, 54, 89–120.

Wong, L. & Guo, S. (2015): Revisiting multiculturalism in Canada: An introduction. In: S. Guo & L. Wong (eds.), Revisiting multiculturalism in Canada: Theories, policies and debates (pp. 1–15). Rotterdam: Sense Publishers.

Autor:innenverzeichnis

Prof. Dr. Jeff Bale ist Associate Professor für Language and Literacies Education am Ontario Institute for Studies in Education an der University of Toronto.

Prof.^{in} Dr. Andrea Daase ist Professorin für Deutsch als Zweitsprache/Deutsch als Fremdsprache am Fachbereich Sprach- und Literaturwissenschaften der Universität Bremen.

Dr.^{in} Ellen Kollender ist Vertretungsprofessorin am Arbeitsbereich »Heterogenität« am Institut für Allgemeine Erziehungswissenschaft an der Rheinland-Pfälzischen Technischen Universität Kaiserslautern-Landau.

Prof. Dr. Alexander-Kenneth Nagel ist Professor für Religionswissenschaft am Institut für Soziologie der Universität Göttingen.

Prof.^{in} Dr. Saphira Shure ist Juniorprofessorin für Erziehungswissenschaft mit dem Schwerpunkt Rassismus- und Differenzforschung an der Universität Bielefeld.

Dr.^{in} Dita Vogel ist Senior Researcher im Arbeitsbereich Bildung in der Migrationsgesellschaft/Interkulturelle Bildung am Fachbereich Erziehungs- und Bildungswissenschaften der Universität Bremen.

Prof. Dr. Hans Vorländer ist Direktor des Zentrums für Verfassungs- und Demokratieforschung sowie des Mercator Forums Migration und Demokratie (MIDEM) an der Technischen Universität Dresden.

Ender Yilmazel ist wissenschaftlicher Mitarbeiter am Mercator Forum Migration und Demokratie (MIDEM) an der Technischen Universität Dresden.